UTB 3267

Eine Arbeitsgemeinschaft der Verlage

Böhlau Verlag · Köln · Weimar · Wien
Verlag Barbara Budrich · Opladen · Farmington Hills
facultas.wuv · Wien
Wilhelm Fink · München
A. Francke Verlag · Tübingen und Basel
Haupt Verlag · Bern · Stuttgart · Wien
Julius Klinkhardt Verlagsbuchhandlung · Bad Heilbrunn
Lucius & Lucius Verlagsgesellschaft · Stuttgart
Mohr Siebeck · Tübingen
Orell Füssli Verlag · Zürich
Ernst Reinhardt Verlag · München · Basel
Ferdinand Schöningh · Paderborn · München · Wien · Zürich
Eugen Ulmer Verlag · Stuttgart
UVK Verlagsgesellschaft · Konstanz
Vandenhoeck & Ruprecht · Göttingen
vdf Hochschulverlag AG an der ETH Zürich

Gabriele Moos, Wolfgang Klug

Basiswissen Wohlfahrtsverbände

Mit 4 Abbildungen und 4 Tabellen

Ernst Reinhardt Verlag München Basel

Prof. Dr. *Gabriele Moos* lehrt Sozialmanagement an der FH Koblenz, RheinAhrCampus Remagen.

Prof. Dr. *Wolfgang Klug*, Dipl. Soz.-Päd. (FH), lehrt Methoden der Sozialen Arbeit an der Kath. Universität Eichstätt-Ingolstadt.

Außerdem von der Autorin erschienen:
Moos/Peters: BWL für soziale Berufe. UTB-M. ISBN: 978-3-8252-3120-0

Coverbild unter Verwendung eines Fotos von © Ekaterina Perepelova – Fotolia.com und © Kaarsten – Fotolia.com

Bibliografische Information der Deutschen Nationalbibliothek

Die Deutsche Nationalbibliothek verzeichnet diese Publikation in der Deutschen Nationalbibliografie; detaillierte bibliografische Daten sind im Internet über <http://dnb.d-nb.de> abrufbar.

UTB-ISBN 978-3-8252-3267-2
ISBN 978-3-497-02088-1

Einbandgestaltung: Atelier Reichert, Stuttgart
Satz: ew print & medien service gmbh, Würzburg
Druck: Friedrich Pustet, Regensburg

Printed in Germany
ISBN 978-3-8252-3267-2 (UTB-Bestellnummer)

Ernst Reinhardt Verlag, Kemnatenstr. 46, D-80639 München
Net: www.reinhardt-verlag.de E-Mail: info@reinhardt-verlag.de

Inhalt

Vorwort

„‚Freie Wohlfahrtspflege' ist die Gesamtheit aller sozialen Hilfen, die auf freigemeinnütziger Grundlage und in organisierter Form in der Bundesrepublik Deutschland geleistet werden. Freie Wohlfahrtspflege unterscheidet sich einerseits von gewerblichen – auf Gewinnerzielung ausgerichteten – Angeboten und andererseits von denen öffentlicher Träger. […] Die Spitzenverbände der Freien Wohlfahrtspflege sind aufgrund ihrer Leistungen für das Gemeinwesen ein wichtiger Bestandteil des Sozialstaates. Das soziale Netz würde zerreißen, wenn es ihre Arbeit nicht gäbe" (BAGFW 2008a).

Mit diesem Programm stellt die Bundesarbeitsgemeinschaft der Freien Wohlfahrtspflege e.V. (BAGFW) sich und ihre Leistungen vor. Bei einer Gesamtbeschäftigtenzahl von rund 4 Millionen hauptamtlich Beschäftigter und schätzungsweise 2,5 bis 3 Millionen ehrenamtlich Engagierter (BAGFW 2008a) leuchtet der aus dieser Selbstdarstellung herausklingende Stolz durchaus ein.

Schon diese wenigen Informationen zeigen, welchen gewichtigen Beitrag die Wohlfahrtsverbände zur Sozialwirtschaft leisten: Sie sind die wirtschaftlich bei Weitem potentesten Akteure dieses Sektors. Gemeinsam mit anderen, z.B. privat-kommerziellen, Anbietern produzieren sie soziale Dienstleistungen, allerdings in ihrer eigenen Logik. Sie nehmen am marktwirtschaftlichen Wettbewerb – zumindest in ihrem Selbstanspruch – als Wertegemeinschaft zur Verwirklichung ihres ideellen Auftrags teil und nicht aus Gründen des Profits. Offensichtlich und an den Beschäftigtenzahlen ablesbar erfüllen sie ihren Auftrag nicht minder erfolgreich als profitorientierte Unternehmen, ja mehr noch: Sie erweisen sich trotz zyklisch auftretender Wirtschaftsflauten als äußerst stabil und weitgehend krisenresistent.

Umso erstaunlicher ist es festzustellen, dass gerade das Thema Wohlfahrtsverbände nicht ein Feld überbordender Forschung ist (gewichtige – und nicht abschließende – Ausnahmen: Dahme/

Kühnlein/Wohlfahrt 2005; Liebig 2005; Buckley/Boeßenecker 2006; Boeßenecker 2005). Schon vor über fünfzehn Jahren beklagte Ebertz das fehlende Vorliegen sozialwissenschaftlicher Untersuchungen (Ebertz 1993, 106). Praktiker und Verbandsfunktionäre vermissen „differenziertere Bewertungen“ bezüglich sozialpolitischer Kompetenz und Leistungsvermögen (Hottelet 1994, 138), andere Wissenschaftler vermissen das Interesse der Sozialen Arbeit an Fragen der Organisation und der Organisationsgestaltung (Merchel 2005, 7). Dies allein würde schon eine aktuelle Bestandsaufnahme der wohlfahrtsverbandlichen Organisationen innerhalb der Sozialwirtschaft rechtfertigen.

Nicht zuletzt aber ist das wahrgenommene Defizit an Strategie- und Zukunftsentwürfen der Wohlfahrtsverbände (Olk 1999, 123; Dahme/Wohlfahrt 2005, 89) für die Autoren Grund, Profile, Herausforderungen, Reaktionsweisen und mögliche Handlungsoptionen der Wohlfahrtsverbände zu untersuchen und aus der Perspektive der Wissenschaft Einsichten zu liefern.

Die Autoren wollen aktuelle Wissensbestände und Grundinformationen zum Thema „Wohlfahrtsverbände“ zusammentragen und für interessierte Leser leicht verfügbar machen. Das Lehrbuch beschränkt sich jedoch nicht auf eine beschreibende Darstellung der Verbände in Deutschland, sondern geht insbesondere auf die veränderten sozialpolitischen Rahmenbedingungen in Deutschland und Europa ein und erörtert aktuelle Problemfelder.

Das Buch wendet sich an Bachelor-Studierende mit den Studiengängen „Soziale Arbeit“, „Sozialmanagement“, „Sozialwirtschaft“ u. ä. Auch für Bachelor-Studierende der BWL mit der Vertiefung „Sozialwirtschaft“ bietet es einführendes und grundlegendes Wissen. Zudem ist das Buch für Mitarbeiter und Mitarbeiterinnen in Wohlfahrtsverbänden geeignet, da es einen wichtigen Beitrag zur Reflexion der eigenen Arbeit im Hinblick auf Aufgaben, Angebote, Ziele, Strategien und neue Organisationsstrukturen leistet.

Eichstätt/Remagen 2009

Wolfgang Klug   Gabriele Moos

1 Begriffseinführung

Kaum ein anderer Bereich ist von einer solchen Komplexität und Vielfalt durchzogen wie die Sozialwirtschaft. Dies wird auch daran deutlich, dass es vielfältige Begriffe und Definitionen für diesen Sektor gibt. Diese Begrifflichkeiten können nicht losgelöst voneinander gesehen werden, sondern sie ergänzen sich und schließen sich nicht gegenseitig aus. Sie weisen Gemeinsamkeiten und Ungleichheiten auf und differenzieren sich vor allem in ihrer Entwicklung und Ausprägung.

In den nachfolgenden Abschnitten sollen zunächst einzelne zentrale Begrifflichkeiten näher betrachtet werden. Darauf aufbauend werden dann die im Zentrum dieses Buches stehenden Wohlfahrtsverbände als Teilbereich der Sozialwirtschaft näher untersucht.

1.1 Sozialwirtschaft

Definition Sozialwirtschaft

Unter Sozialwirtschaft sind zunächst all jene Organisationen zu verstehen, die sowohl eine soziale als auch eine ökonomische Zielsetzung verfolgen und soziale Dienstleistungen zum Wohlergehen von Dritten anbieten (Wendt 2008, 953f). Geprägt wird die Sozialwirtschaft durch die Vielfalt an unterschiedlichen Organisationen und Unternehmen. Eine allgemeingültige und abgrenzende Definition für Sozialwirtschaft ist in der Literatur nicht vorzufinden.

Keine allgemeingültige Definition

Grund dafür ist vor allem die Vielzahl der Aufgaben, die soziale Organisationen wahrnehmen. Des Weiteren treten soziale Unternehmen in sehr unterschiedlichen Erscheinungs- und Organisationsformen auf. Diese Vielfältigkeit erschwert eine genaue Zuordnung bzw. Abgrenzung des Begriffs.

Ziel sozialwirtschaftlicher Organisationen

Das wesentliche Ziel aller Organisationen der Sozialwirtschaft ist die „[…] individuelle und kollektive Wohlfahrt in Formen gemeinschaftlicher Selbstversorgung und öffentlich, frei-gemeinnützig oder gewerblich organisierter Versorgung (care) zu bewerkstelligen“ (Wendt 2008, 953). Somit könnten die Leistungen von sozialen Organisationen und Unternehmen in allen drei Bereichen – Markt, Staat, Dienstleistungs- bzw. Non-Profit-Sektor – angesiedelt werden.

Drei Wirtschaftssektoren

Zum Primärsektor wird u. a. die Land- und Forstwirtschaft gezählt. Der Sekundärsektor beinhaltet den produzierenden Bereich. Letztlich der Tertiäre- bzw. Dienstleistungssektor, zu dem auch die Einrichtungen und Institute der Wohlfahrtsverbände gehören. Des Weiteren werden diesem Sektor u. a. auch Versicherungen, Handel, Tourismusbetriebe sowie öffentliche Einrichtungen zugeordnet. Dies führt ebenfalls zu der angesprochenen Abgrenzungsproblematik.

Abgrenzungskriterien

Nach Wendt (2008) zeichnen sich Unternehmen und Organisationen der Sozialwirtschaft durch zwei zentrale Abgrenzungsmerkmale auf der funktionellen Ebene aus: zum einem durch die soziale Ausrichtung und somit die Bedarfsorientierung und zum anderen durch das Handeln nach wirtschaftlichen Maßstäben. Letzteres jedoch nicht mit dem Hauptziel, Gewinne zu erwirtschaften (954). Im Begriff der Sozialwirtschaft vereinen sich zwei gegensätzlich klingende Begriffe „sozial“ und „Wirtschaft“. Hierbei ist zu beachten, dass die beiden Begriffe „sozial handeln“ und „effizient wirtschaften“ sich nicht gegenseitig ausschließen, sondern ergänzen sollten. Hier soll zudem die Notwendigkeit ersichtlich werden, dass auch sozial geprägte Unternehmen wirtschaftlich handeln müssen, um zukünftig bestehen zu können (954).

Die Sozialwirtschaft bildet einen Teil des Dritten Sektors bzw. des Non-Profit-Sektors und grenzt sich von den Bereichen wie Sport, Umweltschutz, Kultur und Freizeit ab (953). „Als Branche betrachtet, benennt die Sozialwirtschaft einen besonderen Bereich der ökonomischen Wertschöpfung, vergleichbar [mit] anderen Branchen wie der Energiewirtschaft, der Landwirtschaft oder der Kultur- und Medienwirtschaft“ (953f). Institutionell ordnet Wendt (2008) die Organisationen zur Sozialwirtschaft, welche das Ziel verfolgen, das Wohlergehen des Einzelnen und/oder der Gemeinschaft zu verbessern und zu fördern (954).

1.2 Economie Sociale

Definition Economie Sociale

Die Betrachtung der Sozialwirtschaft auf europäischer Ebene ist unter dem Begriff Economie Sociale zusammenzufassen. Das Konzept der Economie Sociale wurde 1989 von der Europäischen Gemeinschaft eingeführt. Mit diesem Ansatz sollte eine einheitliche Erfassung und zugleich die Förderung von Gegenseitigkeitsgesellschaften, Genossenschaften, Vereinen und Stiftungen geschaffen werden (Seibel et al. 1997, 11). Der ursprüngliche Ansatzpunkt des Konzeptes war die Schaffung rechtlicher und struktureller Rahmenbedingungen auf Ebene der EG/EU für Organisationen, die der Economie Sociale angehörig sind.

Hintergrund der Entwicklung des Konzepts Economie Sociale war, dass soziale Organisationen ebenfalls wirtschaftliche Leistungen erbringen und somit dem europäischen Recht unterliegen (Lange o. J.).

Abgrenzungskriterien

Die Abgrenzungskriterien der zugehörigen Organisationen zur Economie Sociale erfolgt nach folgenden Maßstäben: „Die zumindest teilweise Ausübung einer wirtschaftlichen Tätigkeit ist das spezifische Merkmal, das den Organisationen der ‚Economie Sociale' die Eigenschaft von Unternehmen verleiht" (Seibel et al. 1997, 15). Unternehmen der Economie Sociale sind in allen Wirtschaftsbereichen tätig. Hierzu gehören z. B. auch landwirtschaftliche Betriebe, Dienstleistungsunternehmen oder der Handel. Ein zentrales Merkmal ist, dass die eingesetzten Ressourcen zum „Zweck der Bedarfsdeckung" eingesetzt werden. Hierbei kann es sich um marktgängige und nichtmarktgängige Produkte und Leistungen handeln (15). „Sociale" ist daher nicht ausschließlich als „sozial" wie wohltätig oder gemeinnützig zu verstehen, sondern auch als ein soziales Miteinander in einer Unternehmung. Dies kann z. B. in Form von Mitbestimmungsrechten der Mitarbeiter oder staatsbürgerlicher Verantwortung seitens des Unternehmens sein (16). Auch „sozial engagierte" Wirtschaftskonzerne („Corporate Social Responsibility") würden nach den Maßstäben der Economie Sociale hinzugezählt werden. Hier liegt auch der Unterschied zur Definition der Sozialwirtschaft. Eine soziale Zweckbestimmung der Unternehmungen wird nicht als alleiniges Abgrenzungsmerkmal vorausgesetzt.

Zusammenfassend lässt sich feststellen, dass in den verschiedenen Ländern der Europäischen Union abweichende Auffassungen und Auslegungen über die Stellung und Bedeutung der „Sozialwirtschaft“ vorzufinden sind (11ff). Die Ursache liegt hier vor allem in einem anderen Selbstverständnis, unterschiedlichen Rahmenbedingungen und Aufgabenbereichen der sozialwirtschaftlichen Organisationen (15).

1.3 Non-Profit-Sektor

Definition Non-Profit-Sektor

Ein weiterer in der Literatur immer wiederkehrender Begriff im Rahmen der Abgrenzungsproblematik ist der Ausdruck Non-Profit-Sektor, welcher häufig auch als Synonym für den Dritten bzw. den Dienstleistungssektor verwendet wird. Die hier vorzufindenden Organisationen bilden eine breite Vielfalt ab; angefangen von Einrichtungen im Gesundheits- und Sozialwesen, Bildungseinrichtungen, Kultureinrichtungen und Erholungseinrichtungen. Weiter zählen aber auch Parteien, Sportvereine, Umweltorganisationen und Interessengruppen zum Non-Profit-Sektor (Badelt 2002, 3f).

Abgrenzungskriterien

„Das Wort Nonprofit bringt die Abgrenzung gegenüber den gewinnorientierten Unternehmen [in der amerikanischen Verwendung] zum Ausdruck, während es in Europa viel öfter darauf ankommt, NPOs [Nonprofit-Organisationen] primär als nicht staatliche Unternehmen zu begreifen“ (6).

Staatliche Organisationen werden erfahrungsgemäß nicht zum Non-Profit-Sektor hinzugezählt, dies ist jedoch nicht allgemeingültig und problematisch bei möglichen Mischformen von privaten und staatlichen Einrichtungen (10ff).

Grundlegend können vier Aspekte gewählt werden, um Non-Profit-Organisationen dem Dritten Sektor zuzuordnen. Zunächst der gesellschaftliche Auftrag der Einrichtung, welche hauptsächlich dem Gemeinwohl dienen sollte. Das Primärziel einer NPO sollte die Bedarfs- und nicht die Gewinnorientierung sein. Des Weiteren kann eine NPO danach charakterisiert werden, woher sie ihre Gelder erhält. „So wird etwa die ‚private Organisation ohne Erwerbszweck‘ in der Volkswirtschaftlichen Gesamtrechnung (VGR) dadurch definiert, dass mehr als die Hälfte der Einnahmen nicht aus Verkäufen, sondern aus Beiträgen von Mitgliedern und Spendern stammen“ (7). Zuletzt kann die Abgrenzung über die steuerliche Einstufung einer Einrichtung erfolgen. Eine Einrichtung ist dann zum Non-Profit-Sektor zugehörig, wenn sie in ihrem Rechtsstatus die Gemeinnützigkeit aufweist (7f).

1.4 Wohlfahrtspflege

Definition Wohlfahrtspflege

Der Begriff „Wohlfahrtspflege" wird in Anlehnung an die Rechtsprechung des Bundessozialgerichts gemäß definiert als

> „planmäßige, zum Wohle der Allgemeinheit und nicht wegen des Erwerbs ausgeübte unmittelbare vorbeugende oder abhelfende Hilfeleistung für gesundheitlich, sittlich oder wirtschaftlich gefährdete oder notleidende Mitmenschen, die auch über die Ziele einer bloßen Selbsthilfeorganisation hinausgeht" (Klug 1997a, 19).

„Unter ‚Freier Wohlfahrtspflege' wird in der Bundesrepublik Deutschland die Gesamtheit aller auf freigemeinnütziger Grundlage und in organisierter Form erfolgenden sozialen Hilfe- und Selbsthilfe verstanden" (Spiegelhalter 1990, 7). Die Arbeitsgebiete der Freien Wohlfahrtspflege teilen sich in die Sozialkommission I und II auf. Die Sozialkommission I umfasst dabei die Fachausschüsse „Altenhilfe", „Behindertenhilfe" und „Gesundheitswesen". Die Sozialkommission II ist aufgeteilt in die Fachausschüsse „Arbeitsmarktpolitik und Grundsicherung", „Kinder, Jugend, Familie und Frauen", „Migration und Integration" und „Zivildienst und Bürgerschaftliches Engagement".

Die Freie Wohlfahrtspflege bietet verschiedene Dienstleistungen, Einrichtungen und Unterstützungsprojekte an, wie z. B. Kindertagesstätten, Erziehungsberatung, Ehe- und Schwangerschaftsberatung, Müttergenesung, Seniorentreffs, Dienste für Menschen mit Behinderung und psychischen Erkrankungen, Tagesstätten und Wohnheime, Krankenhäuser, Ausländersozialberatung und Integrationsprojekte, Obdachlosenunterkünfte, Schuldnerberatung sowie Aus-, Fort- und Weiterbildungsstätten für soziale und pflegerische Berufe (Meyer 1999, 51).

Grundlage dafür bildet die verbandliche Struktur der sechs großen Wohlfahrtsverbände. Die Wohlfahrtspflege in Deutschland ist von ihrer Struktur und ihrem Selbstverständnis abzugrenzen von gewerblich-gewinnorientierten und öffentlichen Trägern und stellt ein wichtiges und zentrales Element des deutschen Sozialstaates dar (BAGFW 2008a).

Struktur und Selbstverständnis

Die „Freie Wohlfahrtspflege“ sieht ihre Aufgabe darin, im Sinne des Sozialstaatsgebots (Art. 20 GG) an der Verwirklichung des Sozialstaatsgebots mitzuwirken. Der Bestand und die Autonomie der kirchlichen Wohlfahrtsverbände Caritas und Diakonie wird verfassungsrechtlich garantiert, die nicht-konfessionellen Spitzenverbände können sich analog auf diesen Rechtsstatus berufen (Klug 1997a, 20).

Die föderalistische Gestaltung der Freien Wohlfahrtspflege in Deutschland ist einzigartig und findet sich in dieser Form in keinem anderen Staat wieder. Die sechs Wohlfahrtsverbände sind durch verschiedene religiöse Aspekte und Konzeptionen geprägt, deren gemeinsames Ziel es ist, Hilfebedürftigen soziale Leistungen und Unterstützung anzubieten (BAGFW 2008a).

1.4.1 Subsidiarität, Selbstverwaltung und Gemeinwirtschaft

Prinzipien

Der Dritte Sektor ist in Deutschland durch drei zentrale Prinzipien geprägt, die die Grundlage für das Selbstverständnis und die Stellung der Wohlfahrtsverbände bilden:

- Subsidiaritätsprinzip
- Selbstverwaltungsprinzip
- Prinzip der Gemeinwirtschaft

Subsidiaritätsprinzip

Das Prinzip der Subsidiarität ist dabei das bedeutendste. Jeder der Wohlfahrtsverbände ist föderal verfasst. Grundlegend ist das Subsidiaritätsprinzip, das die Gliederung und den Aufbau des gesamten Systems der Freien Wohlfahrtspflege prägt.

„Im Wesentlichen beinhaltet es, dass der Staat nur Funktionen ausübt, die der private Sektor nicht erfüllen kann. Weiterhin bedeutet Subsidiarität, dass größere Einheiten wie die staatliche Verwaltung nur solche Aufgaben übernehmen, die die Kapazitäten kleinerer Einheiten auf der regionalen und kommunalen Ebene oder auch privater Einheiten wie der Kirchengemeinde oder der Familie übersteigen“ (Badelt 2002, 22).

„Seit der Weimarer Republik hat sich in Deutschland ein Dualismus von öffentlicher und freigemeinnütziger (nonprofit) Sozialwirtschaft entwickelt, die – dem Prinzip der Subsidiarität verpflichtet – der freien Wohlfahrtspflege eine privilegierte Stellung als Anbieter sozialer Dienstleistungen einräumte“ (Zimmer/Nährlich 2003, 66).

„Die im Subsidiaritätsprinzip zum Ausdruck kommende Anerkennung sozialer Initiativen ermöglicht dem hilfebedürftigen Bürger ein Wahlrecht. Dieses hat seine Wurzeln in den Verfassungsrechten: Achtung der Würde des Menschen, Freiheit der Person und ihrer Entfaltung, Freiheit des Bekenntnisses“ (BAGFW 2008b).

Übertragen auf die Beziehung zwischen den freien Trägern (z. B. Wohlfahrtsverbände) und den öffentlichen Trägern (z. B. Sozial- und Jugendamt) bedeutet das Subsidiaritätsprinzip:

- Unbedingter Vorrang der Selbsthilfe des Individuums vor der Fremdhilfe. Kann sich das Individuum nicht helfen, so tritt die nächsthöhere Gemeinschaft ein; dieser Platz wird von den Wohlfahrtsverbänden reklamiert, ihnen aber zunehmend von der ständig wachsenden Zahl der Selbsthilfegruppen und Selbsthilfeinitiativen (sowie von den freigewerblichen Trägern) streitig gemacht.
- Der Staat und die Kommunen haben als übergeordnete Instanzen die im Verhältnis zu ihnen untergeordneten Wohlfahrtsverbände anzuerkennen und bei der Wahrnehmung ihrer Aufgaben zu unterstützen.

Die kommunale Sozialverwaltung ist aus diesem Grund in ihrer Hilfeleistung nachrangig zu den Wohlfahrtsverbänden und den Selbsthilfegruppen anzusehen, die sie vor allem mit Geldleistungen unterstützen muss. Erst wenn die freien Träger keine Angebote machen können, muss als Letztverantwortlicher der öffentliche Träger handeln und die Hilfeleistung vorhalten. Diese Verantwortung erstreckt sich auch auf die Planung und Anregung von Einrichtungen und Diensten zur Sicherstellung einer bedarfsgerechten Versorgung.

Selbstverwaltungsprinzip

Das Selbstverwaltungsprinzip drückt aus, dass „[…] der Gesetzgeber den Handlungsrahmen und die Aufgaben festlegt, die die Organe der Selbstverwaltung eigenverantwortlich zu erfüllen haben" (Bäcker et al. 2008b, 129). Dieser Grundsatz ist Ergebnis des Konflikts zwischen Bürger und Staat in der Zeit der Entstehung der Wohlfahrt (19. Jh.) und ermöglicht Non-Profit-Organisationen die unabhängige Entwicklung (Badelt 2002, 22). Das Prinzip der Selbstverwaltung begründet sich „[…] aus der Überlegung, Zentralisierung und Dezentralisierung, Machtkonzentration und Machtbeschränkung, staatliche Steuerung und freie Selbstregulierung miteinander zu verbinden" (Bäcker et al. 2008b, 129).

Prinzip der Gemeinwirtschaft

Hintergrund des Prinzips der Gemeinwirtschaft sind nicht monetäre Zielgrößen, wie die Gewinnmaximierung, sondern im Mittelpunkt steht die Bedarfsdeckung und der Nutzen der Menschen

(Wendt 2008, 954; Badelt 2002, 68f). Die Gemeinwirtschaft stellte in dieser Ausprägung zu jener Zeit eine alternative Möglichkeit zum Sozialismus und Kapitalismus dar. Sie war vor allem im Bereich der Wohnungs- und Genossenschaftswesen vorzufinden. Diese Entwicklung ist jedoch seit den achtziger Jahren rückläufig (Badelt 2002, 22f).

1.4.2 Volkswirtschaftliche und arbeitsmarktpolitische Bedeutung der Wohlfahrtsverbände

Wohlfahrtsverbände als Arbeitgeber

„Die Spitzenverbände der Freien Wohlfahrtspflege sind aufgrund ihrer Leistungen für das Gemeinwesen ein wichtiger Bestandteil des Sozialstaates. Das soziale Netz würde zerreißen, wenn es ihre Arbeit nicht gäbe: In den Einrichtungen und Diensten der Wohlfahrtsverbände sind rund 1,4 Millionen Menschen hauptamtlich beschäftigt; schätzungsweise 2,5 bis 3 Millionen leisten ehrenamtlich engagierte Hilfe in Initiativen, Hilfswerken und Selbsthilfegruppen"(BAGFW 2008a).

Tabelle 1 gibt einen Überblick über den Stellenwert der Wohlfahrtsverbände als Erbringer sozialer Dienstleistungen und als Arbeitgeber in der Bundesrepublik Deutschland.

Das Beschäftigungspotenzial der Sozialwirtschaft wird durch die Betrachtung der Anzahl der Beschäftigten in der Freien Wohlfahrtspflege noch einmal verdeutlicht. Die Wohlfahrtspflege ist daher der größte Arbeitgeber Deutschlands.

Größter Arbeitsbereich der Freien Wohlfahrtspflege ist die Jugendhilfe mit einem Anteil von etwas mehr als einem Drittel (37 Prozent, 36.406) an allen Einrichtungen und 53 Prozent (1.915.782) aller vorgehaltenen Betten/Plätze. Etwas mehr als ein Viertel (26 Prozent, 368.367) der Beschäftigten ist im Gesundheitshilfebereich tätig (BAGFW 2006).

Tab. 1: Gesamtstatistik Einrichtungen der Freien Wohlfahrtspflege, Stand 01.01.2004 (BAGFW 2004, 14)

Einrichtungen und Dienste **Betten/Plätze**	98.837 3.619.799
Beschäftigte	1.414.937
Anteil an der Erwerbsbevölkerung in Deutschland	4,1%

Besondere Beachtung bedürfen in diesem Zusammenhang die hohe Teilzeitquote von 47 Prozent (BAGFW 2004, 11) sowie der hohe Anteil weiblicher Beschäftigter von 75 Prozent (Puch 2003, 4).

Die wirtschaftliche Bedeutung der Wohlfahrtsverbände für den Arbeitsmarkt lässt sich durch die Besonderheiten der Erbringung sozialer Dienstleistungen ableiten. So kann festgestellt werden, dass ein Großteil der Leistungserbringung direkt am Menschen erfolgt. Als Beispiele können hier Beratungs-, Betreuungs- und Versorgungsangebote genannt werden. Somit erfordert die Leistungserbringung einen intensiven Einsatz von Personal, welches zusätzlich durch ein leistungsstarkes Management koordiniert werden muss.

Wohlfahrtsverbände als Dienstleister

Die Wohlfahrtsverbände sind somit bedeutendende Dienstleister im bundesdeutschen Sozialstaat und auch im Vergleich zu anderen Wirtschaftszweigen ein wichtiger Wirtschaftsfaktor. Voller Stolz kann die ehemalige Präsidentin der Bundesarbeitsgemeinschaft der Freien Wohlfahrtspflege Barbara Stolterfoht konstatieren:

„Die Freie Wohlfahrtspflege ist ein Job-Motor. In kaum einer anderen Branche schlagen sich steigende Umsatzzahlen so unmittelbar in zusätzlichen Arbeitsplätzen nieder. Dies hängt zum einen mit der hohen Personalintensität der Aufgaben zusammen; ob Kindergärten, Pflegeeinrichtung oder Krankenhaus: Es geht um den Dienst von Menschen für Menschen. Es ist zum anderen aber auch die gemeinnützige Verfasstheit Freier Wohlfahrtspflege, die diese positive Entwicklung forciert: Überschüsse werden nicht privat entzogen, sondern fließen direkt in den personalintensiven Kreislauf zurück. Die arbeitsmarktpolitische Wirkung ist eindrucksvoll und

Tab. 2: Marktanteile in ausgewählten Dienstleistungsbereichen (Enste 2004a, 69)

	Freigemeinnützige Wohlfahrtsverbände	**Privat-kommerzielle Träger**	**Staatliche Träger**
Pflegeheime	56%	38%	8%
Kita	49%	11%	40%
Krankenhäuser	40%	24%	36%

ein weiterer Beleg für die wichtige Rolle gemeinnützig wirtschaftender Betriebe für unser Gemeinwesen" (BAGFW 2006, 7).

Zusammenfassend lässt sich festhalten, dass die Wohlfahrtsverbände einen wesentlichen Beitrag zur gesamtwirtschaftlichen Entwicklung leisten. Durch soziale Leistungen werden Bedürfnisse von Menschen befriedigt, die diese nicht alleine stillen können.

Somit trägt diese Unterstützung zur Sicherung der wirtschaftlichen und politischen Ordnung bei und führt zu einer Steigerung der Stabilität des Systems „Wohlfahrtsstaat", indem soziale Ungleichheiten nivelliert werden (Rosenbrock/Gerlinger 2004, 31f).

1.5 Problematik der statistischen Erfassung der Sozialwirtschaft

Statistische Erfassung unzureichend

Das anfänglich diskutierte Problem der Definition und Abgrenzung der Organisationen und Einrichtungen im gesamten Bereich der Sozialwirtschaft erschwert eine strukturierte und einheitliche statistische Erfassung. Die bisherige statistische Erfassung der Sozialwirtschaft in Deutschland ist unzureichend. Ursache dafür ist u. a. die fehlende Einheitlichkeit im sozialen Dienstleitungssektor, die föderalistische Struktur sowie auch die Ablehnung und das Desinteresse seitens der sozialen Organisationen und Verbände (Puch 2003, 2).

Grundlegend stehen nicht ausreichend valide Zahlen bzw. gar keine Daten zur Verfügung, um über die Sozialwirtschaft und deren wirtschaftliche Größe und Stellung eine allgemeingültige Aussage treffen zu können (Zimmer/Nährlich 2003, 67). Statistische Aussagen können jeweils nur für einzelne begrenzte Bereiche der Sozialwirtschaft (z. B. Freie Wohlfahrtspflege) vorgenommen werden.

Versuche der statistischen Erfassung

Ein Versuch zur statistischen Erfassung wurde 1990 durch das Johns-Hopkins-Projekt (CCSS 2008) vorgenommen. Die gewählten Abgrenzungskriterien waren dabei sehr streng, so war ein zentrales Kriterium, dass die Organisationen „institutionell vom Staat unabgängig sind" (Zimmer/Nährlich 2003, 67).

Auch der Wirtschafts- und Sozialausschuss der Europäischen Union hat sich mit der Problematik befasst und zur Bedeutung der statistischen Erfassung der Sozialwirtschaft Stellung genommen:

> „Aufgrund der Weiterentwicklung der Sozialwirtschaft, die einen immer größeren Anteil des europäischen Marktes ausmacht, ist es für statistische Erhebungen schwierig, mit einer durch laufende Veränderungen und Neuerungen gekennzeichneten Realität Schritt zu halten. Die Vertreter von Eurostat bestätigen, bei der Definition dieses Bereiches auf Schwierigkeiten gestoßen zu sein, weil sozialwirtschaftliche Tätigkeiten nicht immer als unternehmerische Tätigkeit klassifiziert werden" (Sigmund 2006, 79).

Sozialwirtschaft in der Volkswirtschaftlichen Gesamtrechnung

Die Betrachtung der Sozialwirtschaft bzw. des Non-Profit-Sektors erfolgt zurzeit in der Volkswirtschaftlichen Gesamtrechnung (VGR) im Bereich „private Organisationen ohne Erwerbszweck". Hierzu gehören auch die Gewerkschaften und politischen Parteien sowie die Wohlfahrtsverbände, Vereine usw. (Statistisches Bundesamt 2004, 7). Es wird somit eine Vielzahl von Organisationsformen mit diversen Tätigkeitsbereichen zusammengefasst. Die Tatsache, dass auch ein Großteil der sozialen Dienstleistungen von staatlichen und privaten Organisationen (mit Gewinnabsichten) erbracht wird, findet hier keine Beachtung. Weitere Verzerrungen in der statistischen Auswertung entstehen dadurch, dass die besonderen Merkmale der Sozialwirtschaft, wie der Rechtsstatus, nicht beachtet werden. In der Volkswirtschaftlichen Gesamtrechnung gibt der Preis darüber Auskunft, „welchen Nutzen die privaten Haushalte den konsumierten Dienstleistungen zumessen" (Puch 2003, 3). Ein aussagefähiger Preis kann aber in der Sozialwirtschaft meist nicht ermittelt werden, da der Marktmechanismus außer Kraft gesetzt ist. Auch die Rolle des Ehrenamtes spielt eine wichtige Rolle in der Sozialwirtschaft. Fraglich ist, ob die wirtschaftliche Leistung der Ehrenamtlichen in der Volkswirtschaftlichen Gesamtrechnung angemessen abgebildet werden kann.

Problematik der fehlenden Gesamtorganisation

Eine weitere Problematik bei der Erfassung der Sozialwirtschaft ergibt sich aus einer fehlenden Gesamtorganisation bzw. Koordinierung der sozialen Organisationen. Viele soziale Organisationen gehören zwar Dachorganisationen, wie Wohlfahrtsverbänden, an, haben jedoch häufig einen hohen Grad an Selbständigkeit (Puch 2003, 3f). Dies unterstreicht abschließend abermals die Problematik der statistischen Erhebung und somit der richtigen Beurteilung der wirtschaftlichen Größe der Sozialwirtschaft.

Erweitert man die Abgrenzungsdiskussion auf die europäische Ebene, so wird die Debatte aufgrund verschiedener Wohlfahrtsgedanken und -ausprägungen noch komplexer und undurchsichtiger (Zimmer/Nährlich 2003, 65). Die Sozialwirtschaft nimmt auf internationaler Ebene in den einzelnen Ländern einen sehr unterschiedlichen Stellenwert ein. Grund dafür ist, dass die Sozialwirtschaft zum einem durch die nationale Politik und zum anderen durch die historische Entwicklung der einzelnen Wohlfahrtsstaaten geprägt wird (Wendt 2008, 955).

2 Sozialpolitische Rahmenbedingungen der Produktion sozialer Dienstleistungen

Wohlfahrtsverbände sind in ihrem Handeln in hohem Maß abhängig von der jeweiligen nationalen Sozialpolitik, die eine der wichtigsten Rahmenbedingungen für ihre wirtschaftliche Betätigung darstellt. Die nationale Sozialpolitik wiederum kann nie losgelöst vom vorherrschenden Wirtschafts- und Sozialsystem gesehen werden.

2.1 Konzeptionen des Sozialstaates im Wandel

Die Gestaltung des Wirtschafts- und Sozialsystems hängt u. a. von vorherrschenden Wertvorstellungen und deren Verwirklichung ab. Idealtypisch sollen die liberale Konzeption, das (ursprüngliche) Konzept der sozialen Marktwirtschaft, die Idee und Realität des fürsorglichen Wohlfahrtsstaates sowie die derzeitige Diskussion um den aktivierenden Sozialstaat dargestellt werden.

2.1.1 Der liberale Sozialstaat

Prinzipien des liberalen Sozialstaates

Zentraler Wert einer liberalen Konzeption ist die „Freiheit", verstanden als ein „Zustand, in dem ein Mensch nicht dem willkürlichen Zwang durch den Willen eines anderen oder anderer unterworfen ist [...]" (v. Hayek 1991, 14).

Freiheit als Prinzip zu verstehen ist für liberale Denker keine Zweckmäßigkeits-, sondern eine Prinzipienfrage. Sie wendet sich damit gegen Konzeptionen der staatlichen Intervention zur Umverteilung oder Korrektur von Marktergebnissen. Ideengeschichtlich setzt sich der Liberalismus in der ersten Hälfte des 20. Jahrhunderts insbesondere mit der Planwirtschaft der unter sowjetrussischem Einfluss stehenden Staaten auseinander. Ihre führenden Vertreter sind der Nobelpreisträger Friedrich August von Hayek (1899–1992) und Milton Friedman (1912–2006). Beide setzen sich ausführlich mit den Auswirkungen eines fürsorglichen Wohlfahrtsstaates auseinander, der seit dem „New Deal“ der 30er Jahre in den USA und insbesondere seit den 60er Jahren im gesamten Westeuropa bestimmend war.

Neoliberalismus

Gegen eine solche die Autonomie der Unternehmen einengende Sozialstaatskonzeption zieht der Liberalismus zu Felde. Sein Hauptargument formuliert Herbert Schui, v. Hayek interpretierend, folgendermaßen:

> „Der Neoliberalismus richtet sich also entschieden gegen das wohlfahrtsstaatliche Projekt des Keynesianismus als Fortsetzung der Aufklärung, bei dem die Vernunft den Anspruch darauf erhebt, sich die soziale Umwelt rational (d. h. wissenschaftlich) anzueignen – nicht nur im Sinne der passiven Kenntnis, sondern der aktiven, kollektiven Gestaltung. Hayek schreibt: ‚Der springende Punkt ist, daß es unendlich viel schwerer ist, logisch zu erfassen, warum wir uns Kräften, deren Wirkungen wir nicht im einzelnen verfolgen können, unterwerfen müssen, als dies zu tun aus demütiger Ehrfurcht, die die Religion oder auch nur die Achtung vor den Lehren der Nationalökonomie einflößte'. Das ‚System funktioniert unter der Bedingung, daß der Einzelne bei seiner Teilnahme an sozialen Prozessen bereit und willig sein muß, sich Änderungen anzupassen und Konventionen zu unterwerfen, die nicht das Ergebnis vernünftigen Planens sind'. Er muß die Bereitschaft haben, sich im allgemeinen den Ergebnissen sozialer Prozesse zu unterwerfen, die niemand geplant hat und deren Ursachen vielleicht niemand versteht'. Für Hayek gibt es einen ‚Mißbrauch und Verfall der Vernunft'. Hierbei handelt es sich um eine ‚rationalistische und konstruktivistische Sicht, die eine bewußte Konstruktion der Gesellschaft auf der Grundlage der Vernunft fordert'“ (Schui 1997).

Liberalismus als Leitkonzept der Weltwirtschaft

In der zweiten Hälfte des 20. Jahrhunderts wird der Liberalismus zum Leitkonzept der Weltwirtschaft. Das Konzept der „Sozialen Marktwirtschaft“ leitet sich ebenso davon ab wie das des „Compassionate Conservatism“ des ehemaligen US-Präsidenten G. W. Bush.

Marktprozesse dulden – so die grundlegende Annahme des Liberalismus – keine hierarchischen Eingriffe. Der Bedarf wird nicht durch zentrale Planung, sondern auf dem Markt festgestellt, d. h. Güter und Dienstleistungen, die dem Bedarf entsprechen, werden nachgefragt, die dem Bedarf nicht entsprechen, werden nicht nachgefragt. Die Akteure, Verkäufer, Käufer, Produzenten, sind frei in der Gestaltung ihrer Verträge, der Staat hat lediglich die Rolle, den Markt selber zu garantieren und bestimmte Auswüchse (z. B. Kartelle) zu verhindern. Die Vertragsfreiheit ist die Konsequenz einer liberalen Auffassung von Gesellschaft und Staat: Jeder soll sein Leben weitest möglich selbst gestalten können, ohne dass sich der Staat in die vom Einzelnen abgeschlossenen Verträge einmischt. In seiner radikalen Form lehnt der Liberalismus, als die diesem Denken zugrunde liegende philosophische Strömung, damit die Einmischung des Staates im Sinne eines Interventionsstaates zur Verbreiterung der Wohlfahrt ab. Einer der prominentesten Vertreter ist der Wirtschaftsnobelpreisträger Friedrich August von Hayek. Er postuliert, soziale Gerechtigkeit sei unvereinbar mit Freiheit, denn:

> „Soziale Gerechtigkeit kann nur in einer gelenkten oder Befehls-Wirtschaft eine Bedeutung erhalten, [. . .] in der den Individuen befohlen wird, was sie tun sollen; und jede bestimmte Vorstellung von ‚sozialer Gerechtigkeit' könnte nur in einem derartigen zentral gesteuerten System verwirklicht werden" (v. Hayek 1981, 101).

Das liberale Modell ist am deutlichsten in den USA verwirklicht. Die sozialstaatliche Konzeption dieses Landes betont die Freiheit von Verträgen, die regulative Wirkung von Märkten und die Betonung der Kunden.

2.1.2 Das Konzept der „Sozialen Marktwirtschaft"

Zwischen Sozial- und Wirtschaftspolitik scheint bei oberflächlicher Betrachtung ein tiefer Graben zu liegen, der darin begründet zu sein scheint, dass die Wirtschaft das Geld verdient, das die Sozialpolitik (um-)verteilt. Wirtschaftliche Freiheit und soziale Umverteilung erscheinen als unüberbrückbare Gegensätze. So ist in einer Studie der FDP-nahen Friedrich-Naumann-Stiftung zu lesen:

> „Nach dem klassisch-liberalen Konzept negativer Freiheitsrechte verringert die Umverteilung des Staates [. . .] die wirtschaftliche Freiheit, weil das Parlament und die Regierung den Begüterten das Recht beschneiden, über die von ihnen erwirtschafteten Ressourcen frei zu verfügen" (Fuest et al. 2006, 5).

Führende Wirtschaftswissenschaftler haben sich über Jahrzehnte dieses Problems angenommen und unterschiedliche Positionen vertreten.

Soziale Marktwirtschaft

In Deutschland hat sich die „soziale Marktwirtschaft" etabliert, als Begriff und Theorie von Alfred Müller-Armack entwickelt und von Ludwig Erhard politisch als Leitkonzept durchgesetzt. Es fußt auf den oben ausgeführten liberalen Vorstellungen und geht von der Grundannahme aus, dass eine vollständige Konkurrenz auf den Warenmärkten zu einer Verwirklichung der Sozialen Gerechtigkeit führt. Gerade der „ethisch-gleichgültige Automatismus“ (Eucken 1975) des Marktes sei die Voraussetzung für Wohlstand. Walter Eucken, ebenfalls ein führender „ordoliberaler Gründervater“ der Sozialen Marktwirtschaft, spricht sich ausdrücklich gegen eine Umverteilungspolitik des Staates aus, die Investitionen verhindern würde (Schui 2005, 653). Interessanterweise wird die „Soziale Marktwirtschaft“ auch von Gegnern liberaler Konzepte akzeptiert. So bekennt sich der DGB-Vorsitzende Michael Sommer zu den Vorteilen der Sozialen Marktwirtschaft, betont aber:

„[...] das Experiment, Marktwirtschaft mit sozialem Ausgleich menschenwürdig zu gestalten, droht zu scheitern: an unregulierten Finanzmärkten, an wirtschaftsliberalen Politikern in Berlin und Brüssel, an Managern sowie am Europäischen Gerichtshof, die allesamt die Freiheit des Marktes vor Arbeitnehmerrechte und Würde der Menschen setzen. Das Soziale an der „Sozialen Marktwirtschaft“ verkommt zum überflüssigen Anhängsel – darüber kann auch keine Initiative „Neue Soziale Marktwirtschaft“ hinwegtäuschen. Wir sind auf dem Weg in einen neuen, ungezügelten Kapitalismus weit vorangeschritten“ (Sommer 2008).

Michael Sommer versteht die Soziale Marktwirtschaft als eine sozial gebändigte Form der Marktwirtschaft mit dem Anspruch einer gerechten Umverteilung der Einkommen – genau das, was ursprünglich nicht intendiert war. Für die Gründerväter jedenfalls war „soziale Marktwirtschaft“ kein Konzept des „Wohlfahrtsstaates“, der von der Wiege bis zur Bahre versorgt. In seinem bekannten Buch „Wohlstand für alle“ beschreibt Ludwig Erhard dies so:

Freiheit, private Initiative und Selbstvorsorge

„Eine freiheitliche Wirtschaftsordnung kann auf die Dauer nur dann bestehen, wenn und solange auch im sozialen Leben der Nation ein Höchstmaß an Freiheit, an privater Initiative und Selbstvorsorge gewährleistet ist. Wenn dagegen die Bemühungen der Sozialpolitik darauf abzielen, dem Menschen schon von der Stunde seiner Geburt an volle Sicherheit gegen alle Widrigkeiten des Lebens zu gewährleisten, d. h. ihn in einer absoluten Weise gegen die Wechselfälle des Lebens abschirmen zu wollen, dann kann man von solchen Menschen einfach nicht mehr verlangen, daß sie das Maß an Kraft, Leistung, Initiative und anderen besten menschlichen Werten entfalten, das für das Leben und die Zukunft der Nation schicksalhaft ist und darüber hinaus die Voraussetzung einer auf die Initiative der Persönlichkeit begründeten ‚Sozialen Marktwirtschaft‘ bietet. Auch muß auf die unlösbare Verbindung zwischen Wirtschafts- und Sozialpolitik aufmerksam gemacht werden: Tatsächlich sind um so weniger sozialpolitische Eingriffe und Hilfsmaßnahmen notwendig, je erfolgreicher die Wirtschaftspolitik gestaltet werden kann“ (Erhard 1964, 246).

Insofern vermutet der Sohn von Alfred Müller-Armack wohl zu Recht, dass unter dem Begriff „Soziale Marktwirtschaft“ höchst Verschiedenes verstanden wird. Sein Fazit: Das Wort „sozial“ sei

„mittlerweile völlig auf den Kopf gestellt [...]. Als mein Vater 1946 erstmals das Konzept der sozialen Marktwirtschaft entwickelte, bedeutete sozial, dass der Einzelne auf die Gesellschaft bezogen handelt. Das ist heute pervertiert. Mittlerweile bedeutet sozial, dass ich die Hand in der Tasche des anderen habe. Oder in der Tasche der sogenannten Solidargemeinschaft. Sozial ist heute zu einem Begriff geworden, um Umverteilungen zu rechtfertigen und zwar meist die zu den eigenen Gunsten. Das ging in den 70er-Jahren bereits los und hat sich bis heute fortgesetzt" (Müller-Armack 2007).

Allerdings betonen die Gründerväter, z.B. Walter Eucken, ebenso deutlich das Ende der „Laissez-faire-Politik“ und die Notwendigkeit staatlicher Eingriffe auch in die Marktprozesse zur Etablierung eines Mindestmaßes an sozialer Absicherung für breite Bevölkerungsschichten.

So finden wir unter dem Etikett der „Sozialen Marktwirtschaft“ verschiedene Inhalte, wie auch der DGB-Vorsitzende Michael Sommer zu Recht betont:

„Die Gewerkschaften haben nie das ordoliberale Credo Ludwig Erhards und seiner Vordenker geteilt. Sie haben in den 50er und 60er Jahren erfolgreich den politischen Durchmarsch der Erhards, Müller-Armacks und Euckens verhindert. Deshalb wurde aus der Idee der „Sozialen Marktwirtschaft" kein ordoliberales Wunschkonzert, sondern ein politischer Kompromiss. Dieser Kompromiss eines sozial regulierten Kapitalismus ist spätestens in den 90er Jahren von Teilen der Wirtschaft und Politik einseitig aufgekündigt worden" (Sommer 2008).

Wenn also heute von der „Sozialen Marktwirtschaft“ gesprochen wird, ist die Frage zu stellen, was man darunter versteht. Ist damit das ursprüngliche, stark an neoliberalen Grundsätzen orientierte Konzept gemeint, oder das, was daraus im Laufe der Geschichte der Bundesrepublik geworden ist, nämlich ein Wohlfahrtsstaat mit dem Ziel der „Sozialen Gerechtigkeit“?

2.1.3 Der fürsorgliche Wohlfahrtsstaat

Wie ausgeführt, ist in den USA und in Westeuropa seit den 60er Jahren die Konzeption des fürsorglichen Wohlfahrtsstaates entstanden, die auf der von dem Ökonomen John Maynard Keynes (1883–1946) entwickelten Vorstellung beruht, der Staat müsse die

Verwendung der Produktionsgewinne zumindest teilweise politisch bestimmen und damit indirekt Einkommenspolitik betreiben. Für Keynes kann die Steuerung des Volumens der Investitionen nicht in privaten Händen gelassen werden. Deshalb sollte der Staat Staatsausgaben und -einnahmen konjunkturpolitisch einsetzen, um Einkommen und Beschäftigung zu steuern, insbesondere dann, wenn die Wirtschaft lahmt. Irene Dingeldey beschreibt die Grundzüge des „fürsorglichen Wohlfahrtsstaates" wie folgt:

> „Mit dem Ziel, die strukturellen Folgen marktwirtschaftlicher Prozesse sozial abzufedern, entstand der fürsorgende Wohlfahrtsstaat. Zur Risikobegrenzung bzw. -sicherung wurde primär auf den Ausbau von Schutzrechten bzw. die Abschwächung des Arbeitszwangs durch die Gewährung von Lohnersatzleistungen gesetzt.
>
> Dies wurde – in der Bundesrepublik noch stärker als in anderen Ländern – mit umfassenden Regulierungen und Schutzbestimmungen des individuellen Arbeitsverhältnisses bzw. Arbeitnehmers (Normalarbeitsverhältnis, Kündigungsschutz, Berufsschutz) verbunden" (Dingeldey 2006, 4).

Umfassende Regulierungen und Schutzbestimmungen

Während in der liberalen Konzeption „Freiheit" der zentrale Wert ist, stellt der fürsorgende Wohlfahrtsstaat „Gerechtigkeit" in den Mittelpunkt.

Soziale Gerechtigkeit

In der Philosophie wird gerade um die „Gerechtigkeit" ein lebhafter Diskurs geführt. In unserem Zusammenhang wird insbesondere „soziale Gerechtigkeit" als eine Frage der gerechten Verteilung von Einkommen und Vermögen verstanden; der Staat nimmt den Wohlhabenden, um es den weniger Wohlhabenden zu geben. Die Befürworter argumentieren, dass ohne sozialstaatliche Leistungen die Armutsquote so hoch wäre, dass die Gesellschaft gespalten würde, auch die Wirksamkeit des Familienlastenausgleichs sei signifikant (Opielka 2006, 32ff). Befürworter sind insbesondere sozialdemokratische Theoretiker, aber auch – wie im obigen Zitat des DGB-Vorsitzenden gesehen – die Gewerkschaften und an sozialistischen Idealen orientierte Politiker.

Staat als Planungsinstanz

Grundvoraussetzung des fürsorglichen Wohlfahrtsstaates ist die Vorstellung einer hohen Fähigkeit des Staates zur Steuerung wirtschaftlicher, gesellschaftlicher und sozialer Prozesse. Der „planende Staat" erhebt Steuern und Abgaben und vergibt diese an Bedürftige bzw. er verhindert das Abgleiten in die Bedürftigkeit. Er setzt damit Anreize (z. B. für den Bau und Betrieb von Windrädern) und bestraft bestimmte Verhaltensweisen (z. B.

Energieverschwendung). Dazu braucht er eine funktionstüchtige und gut ausgebaute Verwaltung, aber auch – und das ist seit den 90er Jahren die Krux – eine funktionierende Ökonomie. Deshalb wurde die Konzeption des fürsorgenden Wohlfahrtsstaates auch auf die Arbeitsmarktpolitik ausgeweitet, was gemeinhin unter dem Titel „aktive Arbeitsmarktpolitik“ firmiert. Gemeint ist Folgendes:

> „Aktive Arbeitsmarktpolitik (AAMP) umfasst eine Vielzahl staatlicher Maßnahmen zur Verhinderung von Arbeitslosigkeit und Förderung von Beschäftigung. Die quantitativ wichtigsten Programme der AAMP in Deutschland waren traditionell die Förderung der beruflichen Weiterbildung sowie Arbeitsbeschaffungs- und Strukturanpassungsmaßnahmen. In letzter Zeit haben aber auch neuere Instrumente der AAMP wie z. B. Eingliederungszuschüsse an Unternehmen und Existenzgründungszuschüsse für ehemals Arbeitslose zunehmende Bedeutung erlangt" (Caliendo/Steiner 2005, 2).

Kritikpunkte

An dem Beispiel aktiver Arbeitsmarktpolitik soll auch die Kritik an diesem Konzept deutlich gemacht werden: Es wird insbesondere von Unternehmerseite, aber auch von vielen empirischen Wissenschaftlern kritisiert, dass die Maßnahmen zu ineffektiv sind, dass sie zu Mitnahmeeffekten einladen und die mittelständische Wirtschaft verdränge (z. B. Hagen/Steiner 2000, 51).

Diese Kritik lässt sich leicht auf den Sozialstaat in seiner fürsorglichen Ausprägung übertragen: Ihm wird vorgeworfen, er sei zu teuer, mache Menschen von seinen Leistungen abhängig, aktiviere zu wenig die Potenziale der Betroffenen – kurz: Er sei zu sehr „Hängematte“ statt „Auffangnetz“ (Anwar 2007). Populistisch und mit einem Zitat von Helmut Kohl ausgedrückt: Ist der Sozialstaat der 80er Jahre ein „kollektiver Freizeitpark“? Die massiven Veränderungen in anderen Ländern, insbesondere in den USA (ausführlich: Klug 2005, 109ff), machen ein Überdenken der traditionellen Sozialstaatskonzeption der Bundesrepublik scheinbar unausweichlich.

2.1.4 Der „aktivierende Sozialstaat"

Notwendigkeit der Weiterentwicklung des fürsorglichen Sozialstaates

Nicht zuletzt wegen der aufgezeigten Widersprüchlichkeiten sind in den letzten Jahren aus verschiedenen Richtungen Forderungen nach Weiterentwicklung der sozialen Marktwirtschaft formuliert worden. Von „links“ kommt die Kritik, dass der Sozialstaat die Menschen entmündige und zu wenig Beteiligung möglich sei, von „rechts“ wird der Sozialstaat als Beschäftigungshindernis wahrgenommen. In einem Punkt treffen sich beide Lager: Hilfe zur Selbsthilfe (oder: Empowerment) muss die Richtung zukünftiger Sozialpolitik sein, womit die Gemeinsamkeit auch schon endet. Deshalb vermutet Adalbert Evers:

„dass bei der politischen Bearbeitung der Agenda ‚Aktivierung' die verfolgten Politiken sich zwischen zwei entgegen gesetzten Polen verorten werden: Am einen Pol wird es bei Aktivierung um die weitestgehende Mobilisierung aller gesellschaftlichen Ressourcen im Rahmen eines Szenarios gehen, das vom Kampf um Status und wirtschaftlichen Erfolg im Rahmen der Marktgesellschaft bestimmt ist; der Primat des Marktes ist hier nicht so sehr Herausforderung und Problem, als vielmehr Datum oder Aufgabe.

Am anderen Pol wird es bei Aktivierung vor allem um die Entwicklung einer Politik gehen, die es versteht, Beteiligungsformen zu entwickeln, entlang derer individuelle Interessen und Gruppenanliegen und ihre die damit verbundene Konfliktaustragungen geprägt werden durch wechselseitigen Respekt und die Berücksichtigung von Gemeinwohlbelangen" (Evers 2001, 83).

Es würde zu weit führen, hier Ideengeschichte und geschichtliche Entwicklungslinien des „aktivierenden Sozialstaates“ nachzuzeichnen.

Dritter Weg

Ganz entscheidend war sicherlich die Vorstellung eines „Dritten Weges“ zwischen einem freien Kapitalismus mit seinen sozialen Härten und dem entmündigenden Wohlfahrtsstaat (Giddens 1997). Der philosophische Zusammenhang des „aktivierenden Sozialstaates“ ist das Konzept des „Kommunitarismus“, in dem vor allem die Pflichten thematisiert werden, die Bürger gegenüber ihrem Staat haben. Einer der Begründer dieser philosophischen Richtung, Amitai Etzioni schreibt dazu:

„[...] jeder hat die moralische Pflicht, sich nach besten Kräften selbst zu helfen. Auf den ersten Blick mag es herzlos wirken, etwa Behinderte, ältere Arbeitslose und diskriminierte Minderheitenjugendliche aufzufordern, selbst etwas zur Verbesserung ihrer Lage zu tun. Sicher schulden wir ihnen etwas, haben sie Anspruch auf unsere Hilfe. Aber unsere Forderung, die in dieser oder jener Form Benachteiligten sollten auch etwas für sich tun – anstatt sich zurückzulehnen und darauf zu warten, dass man sie entschädige, aufrichte und bevorzuge –, basiert auf der Idee von der Würde des Menschen. Jede Abhängigkeit von anderen hat [...] etwas Entwürdigendes. [...] Auf die Dauer hilft niemand gerne denen, die untätig auf einen Retter warten" (Etzioni 1998, 169f).

Etzionis Ansätze der „Neuen Goldenen Regel" („Achte und wahre die moralische Ordnung der Gesellschaft im gleichen Maße, wie du wünschst, daß die Gesellschaft deine Autonomie achtet und wahrt".) beeinflussten 1992 sehr stark den Wahlkampf von Bill Clinton und später dann auch das New-Labour-Denken Tony Blairs. Von weiteren Einflüssen, die für die Idee des „aktivierenden Sozialstaates" wichtig waren, seien hier nur die wichtigsten genannt:

- der „Enabling State" (US-Präsidenten Reagan und George Bush sen.), als der Staat, der sich weniger als Versorger und vielmehr als Befähigter versteht,
- die Konzeption des „Reinventing Government" (US-Präsident Clinton) als ein Verständnis des Staates, der „steuert statt rudert",
- das Konzept des „Compassionate Conservatism" (US-Präsident Bush jun.), das die Idee eines radikalen Liberalismus mit der einer spirituell motivierten sozialen Verantwortung verbinden will,
- das „Schröder-Blair-Papier", das das „Fördern und Fordern" als neue sozialpolitische Leitlinie verankert (Klug/Moos 2008, 4f).

Es sind also ganz unterschiedliche Ideen und Konzepte, die zum Ideal des aktivierenden Staates verschmolzen sind. Hinzu kommt die von der Politik gesehene Notwendigkeit der Modernisierung des Staates. Seit Anfang der 90er Jahre wurden die zunehmend aus der Wirtschaft bekannten Prinzipien Effektivität und Effizienz in die Verwaltungslehre eingebracht. Staat und Verwaltung, aber auch alle kooperierenden Partner (z.B. Wohlfahrtsverbände, bürgerschaftliche Gruppen) sollen sich durch neue Kooperationsformen, neue Rollenverständnisse und mit neuen, effektiven und nachhaltigen Problemlösungen auf die Suche nach einer neuen Aufgabenverteilung machen. Mit anderen Worten: Es geht um eine neue Verantwortungsteilung, die weder dem Leitbild des „schlanken" Staates noch dem des rundum „versorgenden" Staates folgt.

Das Konzept des aktivierenden Sozialstaates

Das Konzept des „aktivierenden Sozialstaates" sieht eine vierfache Stufung der Verantwortung vor:

- Der aktivierende Staat übernimmt die Gewährleistungsverantwortung für eine öffentliche Aufgabe, wenn im demokratischen Prozess ein gewichtiges öffentliches Interesse dafür festgestellt worden ist.

- Der Staat sollte nur dann die Finanzierungsverantwortung übernehmen, wenn entweder keine marktgerechten Erlöse zu erzielen sind oder aber die staatliche Finanzierung ausdrücklich der politischen Zielsetzung entspricht, um z. B. soziale Benachteiligungen oder Überforderungen auszugleichen.
- Die Vollzugsverantwortung sollte der Staat nur dann übernehmen, wenn (nicht staatliche) Dritte nicht verfügbar sind oder der Vollzug durch solche Dritte aus Risiko-, Missbrauchs- oder Gleichbehandlungsaspekten ausscheidet (etwa in solchen Kernbereichen wie innere Sicherheit, Rechtsschutz oder Finanzverwaltung).
- Zusätzlich zu diesen drei Verantwortungsdimensionen obliegt dem aktivierenden Staat die politische Führungsverantwortung (Klug/Moos 2008, 5).

Unter der Neukonzeption des „aktivierenden Sozialstaates" ist beispielsweise die neue „Grundsicherung für Arbeitssuchende" (SGB II) entstanden, die sowohl für die Betroffenen gravierende Änderungen als auch insbesondere für die Wohlfahrtsverbände eine völlige Neudefinition des Verhältnisses zum Staat gebracht hat.

2.2 Gegenwärtige Ziele und Prinzipien der Sozialpolitik in Deutschland

2.2.1 Das Sozialstaatsprinzip

Gesetzliche Grundlage für das Handeln der Freien Wohlfahrtspflege

Das Grundgesetz der Bundesrepublik Deutschland fordert in Art. 20 Abs. 1 einen demokratischen und sozialen Bundesstaat. Auch die verfassungsmäßige Ordnung der Bundesländer muss nach Art. 28 Abs. 1 Satz 1 GG den Grundsätzen des demokratischen und sozialen Rechtsstaates entsprechen. Art. 20 gehört zusammen mit Art. 1 GG zu den Normen, die unter die so genannte „Ewigkeitsgarantie" des Art. 79 Abs. 3 GG fallen. Üblicherweise spricht man hier von dem grundgesetzlich verankerten Sozialstaatsprinzip. Das Sozialstaatsprinzip ermöglicht der Freien Wohlfahrtspflege die Mitgestaltung des Sozialstaates.

Allerdings ist mit der Formulierung im Grundgesetz sehr wenig über die inhaltliche Ausgestaltung des Sozialstaatsprinzips

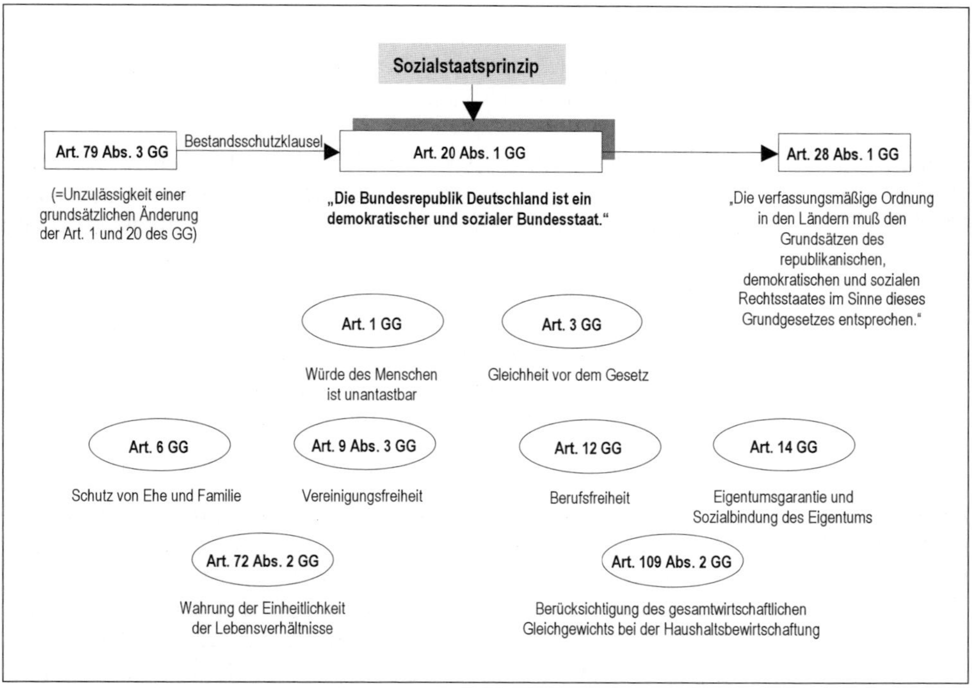

Abb. 1: Übersicht über die Stellung des Sozialstaatsprinzips in der Verfassung

gesagt. Die zentrale Fragestellung lautet: Lassen sich überhaupt materielle Rechte aus diesem allgemeinen Verfassungsgebot ableiten? Im Grundgesetz selber sind nur sehr wenige Sozialrechte als unmittelbare Grundrechte verankert:

a) Garantie der Koalitionsfreiheit nach Art. 9 Abs. 3 GG, die die Bildung von Gewerkschaften verfassungsrechtlich absichert;
b) freie Berufswahl und freie Wahl des Arbeitsplatzes nach Art. 12 Abs. 1 GG sowie
c) Gewährleistung des Privateigentums nach Art. 14 Abs. 1 GG und die Sozialbindung des Privateigentums nach Art. 14 Abs. 2 GG.

Abbildung 1 zeigt eine Übersicht über die Stellung des Sozialstaatsprinzips im Grundgesetz und die mit ihm korrespondierenden Artikel der Verfassung. Andere Sozialrechte wie z.B. das Recht auf Fürsorge, auf Mitbestimmung oder das Streikrecht sind nicht im GG erwähnt. Soweit sie überhaupt durch Gesetze gewährleistet sind, leitet sich ihre Verfassungsmäßigkeit vor allem aus dem allgemeinen Sozialstaatsgebot des GG ab.

Sozialstaatsprinzip als Staatszielbestimmung

Das Sozialstaatsprinzip wendet sich in erster Linie – als eine Staatszielbestimmung – an den Gesetzgeber, während der einzelne Bürger aus ihm unmittelbar keine Sozialleistungsansprüche ableiten kann. Das Bundesverfassungsgericht gesteht dem Gesetzgeber bei der Konkretisierung des Sozialstaatsprinzips einen weiten Gestaltungsspielraum zu. Eine verfassungsrechtliche Grenze ist allerdings dann erreicht, wenn es um den sozialen Mindestschutz geht, der dem Bürger ein der Menschenwürde (Art. 1 GG) entsprechendes Leben ermöglicht. Freilich ist diese Grenze fließend.

Zusammenfassung des Sozialstaatsprinzips

Zusammenfassend kann zum Sozialstaatsprinzip nach Art. 20 Abs. 1 GG festgehalten werden: Die Sozialstaatsklausel des Grundgesetzes verpflichtet den Staat, den in sozialen oder wirtschaftlichen Schwierigkeiten befindlichen Bürgern ein menschenwürdiges Dasein und eine angemessene Beteiligung am allgemeinen Wohlstand zu gewährleisten. Dazu gehören Einkommensleistungen für sozial Schwache ebenso wie Geld- und Sachleistungen, die über das System der Sozialen Sicherung zur Verfügung gestellt werden.

2.2.2 Zukunft des Sozialstaates in Deutschland

Die Frage der sozialen Gerechtigkeit

Soziale Gerechtigkeit und soziale Sicherheit

Ausgehend von dem zuvor genannten Sozialstaatsprinzip verfolgt die staatliche Sozialpolitik in der Bundesrepublik Deutschland zwei grundlegende Ziele: zum einen die Herstellung sozialer Gerechtigkeit, zum anderen die Herstellung sozialer Sicherheit für die Gesellschaftsmitglieder gegen die allgemeinen Lebensrisiken. Die Verfolgung des Ziels soziale Gerechtigkeit erfordert, dass sich ein gesellschaftlicher Konsens bildet, was als sozial gerecht oder ungerecht zu gelten hat. Hierbei ist von zentraler Bedeutung, welche sozialökonomischen Ungleichheiten in der Verteilung der Verfügungsrechte über materielle (Einkommen, Vermögen) oder ideale (Dispositionsfreiheit) Ressourcen als akzeptabel gelten können und welche nicht.

Ungleichheit als Leistungsanreiz

Zu bedenken ist dabei, dass eine gewisse Ungleichheit als Leistungsanreiz erforderlich ist, gleichzeitig aber eine zu große Ungleichheit in den Leistungsergebnissen (Einkommen) verschiedener Wirtschaftssubjekte als ungerecht gilt. Hinsichtlich der sozialen Sicherheit gegen die Wechselfälle des Lebens bleibt anzumerken, dass hier deshalb eine sozialpolitische Intervention notwendig ist, da der Einzelne sich in der Regel gegen den Eintritt einer derartigen Notlage nicht ausreichend absichern kann bzw. das Risiko unterschätzen würde (aufgrund der Minderschätzung zukünftiger Bedürfnisse). Da der Mensch im Allgemeinen risikoavers ist, möchte er Risiken generell vermeiden. Das setzt ihn jedoch nicht automatisch in die Lage, gegen die negativen Auswirkungen der zentralen Lebensrisiken auch in ausreichendem Maße vorzusorgen.

Mit dem steigenden Wohlstand in den Nachkriegsjahren, aber auch in Folge der Wiedervereinigung haben sich die Gewichte in der Bundesrepublik Deutschland zunehmend zugunsten staatlicher Interventionen verschoben. Heute steht man vor der Herausforderung, das Verhältnis von wirtschaftlicher Freiheit und wohlfahrtsstaatlichem Zwang neu zu bestimmen.

Konzept der sozialen Marktwirtschaft vor neuen Herausforderungen

Das Konzept der sozialen Marktwirtschaft steht heute vor neuen Herausforderungen. Wirtschaftliche Stagnation, Finanzkrise, Massenarbeitslosigkeit und ein steigender Anpassungsdruck in Folge der Globalisierung und nicht zuletzt des demographischen Wandels stellen das Konzept der sozialen Marktwirtschaft zunehmend in Frage. Vor allem die demographische Entwicklung wird den Sozialstaat in den nächsten Jahrzehnten an seine Grenzen führen (Boeckh et al. 2006, 168f). Zum einen weil die über die sozialen Sicherungssysteme abgesicherten Risken (z. B. Rente, Gesundheit, Pflege) mit steigendem Alter zunehmen und zu einer wachsenden Nachfrage nach Pflegeleistungen führen werden.

Gerechtigkeitsfrage stellt sich neu

Zum anderen wird sich die Gerechtigkeitsfrage in der sozialen Marktwirtschaft neu stellen. In Zukunft wird das Verhältnis zwischen älteren Menschen und erwerbstätiger Bevölkerung von der Sozialpolitik gestaltet werden. Wenn ohne Reformen die Beitragssätze der sozialen Sicherungssysteme weiter steigen, dann werden sich auch die Beschäftigungs- und Einkommenschancen der jungen Generationen deutlich verschlechtern. Eine Möglichkeit der Problemlösung kann darin bestehen, die historisch gewachsenen Grundprinzipien der sozialen Sicherung zu verändern.

Grundprinzipien der sozialen Sicherung

Nach der ursprünglich vertretenen „Drei-Säulen-Theorie" setzt sich das System der sozialen Sicherung idealtypisch gesehen aus Sozialleistungen zusammen, die sich nach drei unterschiedlichen Prinzipien strukturieren lassen.

Versicherungsprinzip

(1) Das Versicherungsprinzip macht die Gewährung von Leistungen vom Eintritt eines Versicherungsfalls (z. B. Erwerbsunfähigkeit, Unfall, Arbeitslosigkeit, Krankheit, Pflegebedürftigkeit) abhängig und setzt die Zahlung von Beiträgen voraus. Die Leistungen richten sich u. a. nach Höhe und Zahl der Beiträge – sie sind aber unabhängig vom sonstigen Einkommen und Vermögen und werden überwiegend schematisch gewährt. Die Finanzierung erfolgt durch das Beitragsaufkommen und durch staatliche Zuschüsse. Dieses Prinzip findet sich bei der Sicherung gegen voraussehbare, typische Notstände und Wechselfälle des Lebens in Form der Sozialversicherung als Zwangsversicherung für den größten Teil der Bevölkerung. Es erfolgt keine Beitragssatzerhebung nach dem individuellen Risiko. Bei der Sozialversicherung – z. B. der gesetzlichen Krankenversicherung – kann man aber deshalb unter Vorbehalten von einer Versicherung sprechen. Wichtige Grundprinzipien einer Versicherung finden sich auch hier: gegenseitige Risikodeckung im Rahmen einer Gefahrengemeinschaft, Beitragsfinanzierung und Risikoabschätzung für die

Tab. 3: Grundprinzipien der sozialen Sicherung

Leistungen nach dem …	**Versicherungsprinzip**	**Versorgungsprinzip**	**Fürsorgeprinzip**
durch die …	Sozialversicherung	Öffentliche Versorgung	Sozialhilfe
Erhalten …	Mitglieder der Sozialversicherung, wenn sie Versicherungsbeiträge gezahlt haben.	bestimmte Bevölkerungsgruppen, wenn sie besondere Opfer oder Leistungen für die Gemeinschaft erbracht haben.	alle Bürger, wenn sie bedürftig sind.
finanziert durch …	Versicherungsbeiträge und Staatszuschüsse	Steuermittel	Steuermittel

Sozialversicherung

- **Prinzipien:**
  1. Versicherungsprinzip (Kollektiväquivalenz)
  2. Solidaritätsprinzip
- **Gestaltungselemente:**
  1. Selbstverwaltung
  2. Versicherungspflicht
  3. Beiträge der Beteiligten
  4. Rechtsanspruch auf Leistungen
  5. Naturalleistungsprinzip/Sachleistungsprinzip
- **Gliederung:**
  - Gesetzliche Krankenversicherung
  - Gesetzliche Rentenversicherung
  - Gesetzliche Unfallversicherung
  - Arbeitsförderung
  - Pflegeversicherung

Abb. 2: Kennzeichen der Sozialversicherung

Gefahrengemeinschaft. In den verschiedenen Zweigen der Sozialversicherung kommen nun aber spezifische Strukturelemente hinzu, die anzeigen, dass man besser von einer Versicherung eigener Art sprechen sollte, z. B.:

- Staffelung der Beitragshöhe nach Einkommen und nicht nach dem eingebrachten individuellen Risiko
- Modifizierung des versicherungstechnischen Individualäquivalenzprinzips (Leistung und Gegenleistung stehen in einem engen Entsprechungsverhältnis zueinander) durch das Solidarprinzip mit der Konsequenz einer Belastungsumverteilung zugunsten der relativ Ärmeren in der Versichertengemeinschaft oder zugunsten bestimmter Gruppen (z. B. Rentner in der Krankenversicherung). Dies wird als Kollektiväquivalenz bezeichnet.
- Zuschüsse des Staates zur Finanzierung (oft, nicht immer)
- Selbstverwaltung
- Gesetzliche Fixierung der Leistungen (in der Regel keine oder nur geringe Spielräume für Zusatzleistungen

Versorgungsprinzip

(2) Auch nach dem Versorgungsprinzip werden überwiegend schematische Leistungen für bestimmte Tatbestände gewährt, die als Opfer oder als besondere Dienste für die Allgemeinheit anzusehen sind. Voraussetzung für die Hilfe ist aber nicht wie beim Versicherungsprinzip eine Beitragsleistung. Die Finanzierung der Leistungen erfolgt aus Steuermitteln. Beispiele in Deutschland wären die Kriegsopferversorgung oder die Versorgung und Entschädigung bei Opfern besonderer Gewalttaten. Die Begünstigten haben einen Rechtsanspruch auf die gesetzlich fixierten Leistungen. Aus dieser Beschreibung heraus wird deutlich, dass z. B. die Gesundheitsversorgung in Großbritannien („National Health Service") im Gegensatz zum sozialversicherungsförmigen System in Deutschland dem Versorgungsprinzip folgt. Betrachtet man Sondersysteme in Deutschland wie die Beamtenversorgung, die dem Versorgungsprinzip zugeordnet werden können (Neumann/Schaper 1998, 143), dann können allerdings auch in Versorgungssystemen Vorleistungen anderer Art als Beitragsleistungen für den Erhalt von Versorgungsleistungen eine Rolle spielen.

Fürsorgeprinzip

(3) Beim Fürsorgeprinzip richten sich Art und Umfang der Hilfe nach den Besonderheiten des Einzelfalls – man spricht hier auch von individualisierender Hilfe. Ein weiteres wesentliches Merkmal ist, dass eine Bedürftigkeitsprüfung stattfindet. Auch hier bestehen Rechtsansprüche, wenn die Einkommens- und Vermögenslage des Betroffenen eine Selbsthilfe verhindert. Die Leistungen werden aus Steuern finanziert.

Alle drei Prinzipien haben ihre Vor- und Nachteile. Sie kommen allerdings in der Praxis überwiegend nicht rein vor, sondern in den einzelnen Systemen finden sich immer wieder auch Wesenszüge der anderen.

Historischer Rückblick

Existenzsicherung

In der Bundesrepublik Deutschland dominiert das von Bismarck im Rahmen der Sozialversicherung eingeführte Versicherungsprinzip. Interessant ist an dieser Stelle ein kurzer historischer Rückblick. Die allgemeine wirtschaftliche, gesellschaftliche und politische Entwicklung – vor allem die Auswirkungen der Industrialisierung – veranlasste Bismarck zur Schaffung einer reichseinheitlichen Sozialversicherung, die der Existenzsicherung dienen sollte. Am Anfang stand die berühmte Kaiserliche Botschaft vom 17.11.1881, in der davon gesprochen wurde, dass es nicht ausreiche, die sozialen Schäden durch eine Repression „sozialdemokratischer Ausschreitungen“ zu bekämpfen, sondern auch der Weg einer „positiven Förderung des Wohles der Arbeiter“ eingeschlagen werden müsse. In der Kaiserlichen Botschaft wird die Vorlage von Gesetzentwürfen einer Unfall-, einer Kranken- sowie einer Invaliditäts- und Altersversicherung angekündigt. In der Folgezeit erließ der Reichstag folgende Gesetze:

- Gesetz betreffend der Krankenversicherung der Arbeitnehmer vom 15.6.1883
- Unfallversicherungsgesetz vom 6.7.1884
- Invaliditäts- und Altersversicherung vom 22.6.1889

Die Schaffung einer Arbeitslosenversicherung wurde zwar intensiv diskutiert, ohne dass man sich aber schon damals zu ihr durchringen konnte. 1911 kam es zu einer Zusammenfassung der drei selbständigen Gesetzeswerke zur Reichsversicherungsordnung (RVO) vom 19.7.1911. Im Jahr 1923 folgt dann das Reichsknappschaftsgesetz für Bergleute und 1927 wurde die Arbeitslosenversicherung mit dem Gesetz über Arbeitsvermittlung und Arbeitslosenversicherung (AVAVG) eingeführt. Fast siebzig Jahre blieb es bei den vier Sozialversicherungszweigen der Kranken-, Unfall-Renten- und Arbeitslosenversicherung. Erst in jüngster Zeit – 1994 – wurde als fünfter Zweig der Sozialversicherung die soziale Pflegeversicherung beschlossen.

War die Sozialversicherung ursprünglich eine reine Arbeiterversicherung, die um die Jahrhundertwende erst etwa 18 Prozent der Gesamtbevölkerung erfasste, hat sie sich im Laufe der Jahrzehnte zu einer Volksversicherung entwickelt, die heute etwa 90 Prozent der Bevölkerung umfasst. Auch das Sicherungs- und Leistungsniveau hat sich entscheidend verändert. Während es zunächst um eine reine Existenzsicherung ging, gewährt die Sozialversicherung seit längerem eine Lebensstandardsicherung, die allerdings mittlerweile wieder stark gefährdet ist.

Lebensstandardsicherung

Ein Ausweg aus dem Problem kann darin bestehen, die Sozialversicherung auf eine Grundsicherung zu reduzieren und die freiwillige, individuelle und eigenverantwortliche Absicherung im Rahmen der Risikovorsorge zu stärken.

Veränderung der sozialen Sicherung beeinflusst die Wohlfahrtspflege

Die notwendigen Veränderungen der Prinzipien der sozialen Sicherung werden auch den Handlungsrahmen der Freien Wohlfahrtspflege nachhaltig beeinflussen. Mit dem zu erwartenden Abbau des Sozialstaates und der Stärkung des Individualprin-

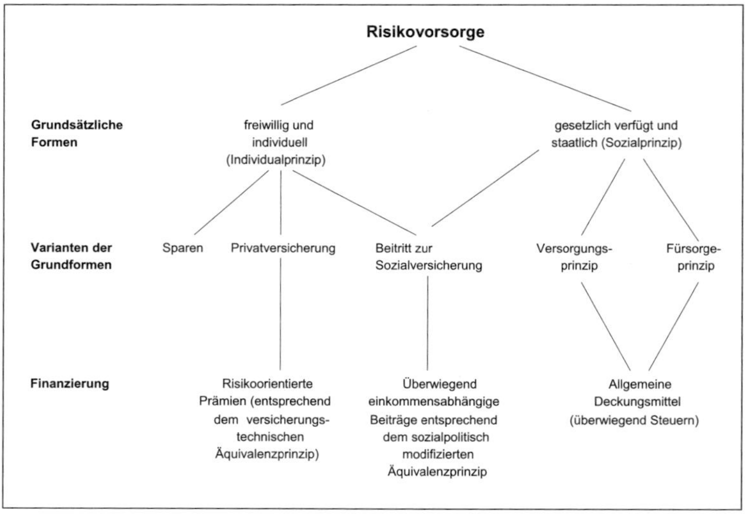

Abb. 3: Prinzipien der sozialen Sicherung

zips wird sich die Finanzierungsgrundlage im Bereich nichtmarktgängiger sozialer Dienstleistungen verändern. Die Freie Wohlfahrtspflege muss darauf reagieren und sich den neuen Herausforderungen stellen. „Um den steigenden Bedarf nichtmarktfähiger sozialer Dienstleistungen befriedigen zu können, benötigt sie zusätzliche, von ihr selbst einzuwerbende Geld-, Sach- und Zeitspenden“ (Ottnad et al. 2000, 178).

Steigende Nachfrage nach marktgängigen sozialen Dienstleistungen

Daneben wird die verstärkte individuelle Absicherung bestimmter Risiken zwangsläufig zur Folge haben, dass die kaufkräftige Nachfrage nach marktgängigen sozialen Dienstleistungen, (z. B. Pflegeleistungen) zunehmen wird. Bei den marktfähigen Dienstleistungen hat die Freie Wohlfahrtspflege in den letzten Jahren deutlich an Marktanteil gegenüber den privat-gewerblichen Anbietern verloren (Ottnad et al. 2000, 175).

Vor diesem Hintergrund steht die Freie Wohlfahrtspflege vor neuen Herausforderungen, denen sie nur mit vorausschauenden Unternehmensstrategien begegnen kann.

3 Wohlfahrtsverbände: Geschichte, Selbstverständnis, Organisation und Leistungsprofil

Die Arbeit der Verbände der Freien Wohlfahrtspflege basiert auf unterschiedlichen Traditionen und Überzeugungen. Alle Verbände haben unterschiedliche historische Wurzeln, die deren Aktivitäten und Leistungsprofil auch heute noch prägen.

3.1 Die sechs Spitzenverbände der Freien Wohlfahrtspflege

Die sechs Spitzenverbände der Freien Wohlfahrtspflege

Fast der gesamte Wirtschaftssektor der Freien Wohlfahrtspflege kann stellvertretend durch die sechs Spitzenverbände der Freien Wohlfahrtspflege dargestellt werden (Goll 1991, 81). Zu den sechs Spitzenverbänden gehören:

(1) Arbeiterwohlfahrt (AWO), Sitz: Berlin
(2) Deutscher Caritasverband (DCV), Sitz: Freiburg
(3) Der Paritätische Gesamtverband (DPWV), Sitz: Frankfurt
(4) Diakonisches Werk der Evangelischen Kirche in Deutschland (DW), Sitz: Berlin
(5) Deutsches Rotes Kreuz (DRK), Sitz: Berlin
(6) Zentralwohlfahrtsstelle der Juden in Deutschland (ZWST), Sitz: Frankfurt

Die einzelnen Träger haben sich den Spitzenverbänden der Freien Wohlfahrtspflege, den sogenannten Wohlfahrtsverbänden, zugeordnet. Der Zusammenschluss der einzelnen Organisation zu diesen Wohlfahrtsverbänden wurde aus Gründen des fachlichen Erfahrungsaustauschs, der fachpolitischen Meinungsbildung und der politischen Außenvertretung (Lobbying) vollzogen.

Die Spitzenverbände sind in der Rechtsform des eingetragenen Vereins organisiert. Darüber hinaus haben sie sich zur „Bundesarbeitsgemeinschaft Freie Wohlfahrtspflege (BAGFW)" mit Sitz in Berlin und einer EU-Vertretung in Brüssel zusammengeschlossen. Auf der Länderebene gibt es jeweils Vertretungen dieser Spitzenverbände.

Jeder der Wohlfahrtsverbände ist föderal verfasst. Grundlegend ist das Subsidiaritätsprinzip, das die Gliederung und den Aufbau des gesamten Systems der Freien Wohlfahrtspflege prägt.

Aufbau

Der Aufbau eines Wohlfahrtsverbands geschieht demnach „von unten" durch unterschiedliche Organisationsformen vor Ort (d. h. in den Städten, Kreisen oder Gemeinden). Beispielsweise sind die Ortsverbände der Caritas als selbständige Träger organisiert. Sie koordinieren ihre Tätigkeiten mit der nächsthöheren Einheit, z. B. mit einem Bezirksverband oder Diözesanverband. Grundsätzlich ist die nächsthöhere Ebene nicht weisungsbefugt, sodass man im strengen Sinne nicht von einer „Konzernstruktur" der Wohlfahrtsverbände sprechen kann. Wegen vielfältiger personeller und finanzieller Abhängigkeiten kann das Prinzip einer Gliederung von unten nach oben allerdings nicht immer völlig durchgehalten werden.

3.2 Historischer Hintergrund

In fast allen Kulturen hat sich eine materielle und immaterielle Sorge für Arme, Alte und benachteiligte Personen als sozialethische Norm entwickelt (Stolleis 2003, 13). Eine besondere Rolle spielte dabei die Religion, welche das gesellschaftliche Leben grundlegend prägte. Ebenso großen Einfluss hatten jedoch auch das im 13. Jahrhundert einsetzende Bevölkerungswachstum und die beginnende Verstädterung, wodurch soziale Probleme und Ungleichheiten sich verstärkten. Mit Beginn des 15. Jahrhunderts verlagerten sich zunehmend Aufgaben der sozialen Sicherung, die vormals von kirchlichen Einrichtungen übernommen wurden, auf die Strukturen der Fürstenherrschaften (15). Ab Mitte des 17. Jahrhunderts übernahm vermehrt der langsam entstehende Staat die Aufgaben von Kirche und Fürstenherrschaft.

Entstehung der Wohlfahrtsverbände

Die voranschreitende Industrialisierung führte zu einer Änderung der Lebensverhältnisse und brachte Armut und Unterversorgung in die Städte. Eine Unterstützung erfolgte damals lediglich durch wohltätige Vereine, Stiftungen und Einrichtungen

(BAGFW 2002, 32). Im Übergang zum 19. Jahrhundert gewann die bürgerliche organisierte Fürsorge wieder an Bedeutung und bildete eine erste soziale Struktur, während sich der Staat zum Nachtwächterstaat zurückzog. In diesem Zeitraum entstanden die ersten Grundzüge der heutigen Spitzenverbände der Wohlfahrtspflege (Stolleis 2003, 33f).

Gründung der „Deutschen Liga der Freien Wohlfahrtsverbände"

Um die Arbeit der Spitzenverbände besser koordinieren zu können, erfolgte 1923 die Gründung der „Deutschen Liga der Freien Wohlfahrtsverbände". Aus eben dieser Liga entstand nach dem Zweiten Weltkrieg die Bundesarbeitsgemeinschaft der Freien Wohlfahrtspflege (BAGFW). Im Jahr 1924 entstand der Paritätische Wohlfahrtsverband (Der Paritätische) und trat der Liga der Freien Wohlfahrtsverbände bei. Die Bildung einer zusammengefassten Organisation, welche verschiedene Hilfsprojekte vereint, folgte im Wesentlichen aus den sozialen Notständen heraus, die durch die Industrialisierung sowie Kriege bedingt waren.

Die Zeit von 1933 bis 1945 war gekennzeichnet durch Verbote und Auflösungen oder extreme Einschränkungen der Tätigkeit der meisten Wohlfahrtsverbände durch die Nationalsozialisten. Erst ab 1945 konnten die Wohlfahrtsverbände in Westdeutschland ihre Tätigkeit wieder aufnehmen und begannen, sich den Problemen der Flüchtlinge, Heimkehrer, Vertriebenen und Obdachlosen zu widmen. Weiterhin gab es Einschränkungen in der Arbeit der Wohlfahrtsverbände in Ostdeutschland, der Deutschen Demokratischen Republik (DDR), welche erst ab 1990 durch die Zusammenführung der ostdeutschen und westdeutschen Wohlfahrtsverbände beseitigt wurden (Boeckh et al. 2006, 78; BAGFW 2008c). Seit dieser Zeit können die Verbände gemeinsam ihre Zielsetzung verfolgen: „Von Menschen für Menschen" (BAGFW 2008a).

3.3 Aufgaben und Selbstverständnis

Das Selbstverständnis der Wohlfahrtsverbände ist historisch gewachsen und besteht aus vielen verschiedenen Einrichtungen und Dienstleistungen, die sich im Laufe der Zeit immer weiter entwickelt haben. Diese Entwicklung wurde durch die Industrialisierung sowie die entstehende Massennot im 19. Jahrhundert stark beeinflusst. Als Grundstein kann jedoch die christliche

Nächstenliebe genannt werden. Betrachtet man die verschiedenen Wohlfahrtsverbände, so wird deutlich, dass diese sich im Hinblick auf ihre Weltanschauung, Religion oder Zielsetzung unterscheiden (Boeßenecker 2005, 32ff). Der Deutsche Caritasverband, das Diakonische Werk und die Zentralwohlfahrtsstelle der Juden sind geprägt durch den kirchlich-diakonischen Ursprung. Der Paritätische Gesamtverband nimmt die Position eines Dachverbands von Selbsthilfe- und Helfergruppen ein (Meyer 1999, 49).

Gemeinsames Merkmal

Gemeinsames Merkmal aller Spitzenverbände ist aber die Förderung der Solidarität in der Bevölkerung sowie die Förderung der Subsidiarität und der Personalität. Unter dem Begriff der Solidarität sind die gegenseitige Hilfe sowie das gegenseitige Eintreten füreinander zu verstehen. Die Wohlfahrtsverbände verfolgen somit das Ziel, die Hilfsbereitschaft der Bevölkerung zu steigern und daraus folgend einen sozialen Ausgleich zu schaffen. Das Verständnis der Subsidiarität basiert darauf, die Selbstverantwortung des einzelnen Menschen zu stärken, indem eine Hilfestellung nur nachrangig gewährleistet wird. Somit erfolgt die Hilfegewährung erst dann und nur dann, wenn der Einzelne sich nicht selbst helfen kann und somit auf die Unterstützung von anderen angewiesen ist (Boeckh et al. 2006, 161). Der Grundsatz der Personalität beschreibt den Vorrang des Individuums vor dem System und bedeutet, dass individuell auf die Notlagen des Einzelnen eingegangen werden soll.

Die Spitzenverbände verstehen sich selbst als Teil des deutschen Sozialstaates, indem sie soziale Aufgaben erfüllen und die Sozialpolitik mitgestalten (BAGFW 2002, 34). Die Bundesarbeitsgemeinschaft der Freien Wohlfahrtspflege sieht ihre Bestimmung in der Verbesserung von Lebenslagen benachteiligter Personen sowie dem Ansprechen und Aufdecken sozialer Probleme, damit der Sozialstaat zukunftsfähig bleibt.

Aufgaben der Freien Wohlfahrt

Als konkrete Aufgaben können genannt werden (BAGFW 2008d):

- „Beratung und Abstimmung zu allen Fragen der Freien Wohlfahrtspflege, insbesondere bei neu auftretenden Aspekten auf dem Gebiet der Sozial- und Jugendhilfe und vor dem Hintergrund der europäischen Entwicklung
- Mitwirkung an der Gesetzgebung und Kontaktpflege zu relevanten politischen Gremien und Entscheidungsträgern

- Zusammenarbeit in zentralen Angelegenheiten mit Bund, Ländern und Kommunen und weiteren Organen der öffentlichen Selbstverwaltung
- Mitwirkung in Fachorganisationen und Initiativen, soweit Aufgabenfelder der Freien Wohlfahrtspflege betroffen sind
- Austausch mit den Landesarbeitsgemeinschaften der Freien Wohlfahrtspflege
- Pflege und Stärkung der sozialen Verantwortung in der Bevölkerung
- Wahrung der Stellung der Freien Wohlfahrtspflege in der Öffentlichkeit“

Zusammenfassend kann festgehalten werden, dass das Hauptziel der Spitzenverbände der Freien Wohlfahrtspflege die Stärkung sozialverantwortlichen Handelns für sich selbst und andere darstellt, um dadurch das Gemeinwohl zu fördern.

3.4 Bedeutung für die Gesellschaft

Pluralität der Wohlfahrtsverbände

Von besonderer Bedeutung für die Gesellschaft ist die Pluralität der Wohlfahrtsverbände. Durch ihre Zusammenarbeit gestalten sie das soziale Gemeinwesen in Deutschland erheblich mit. Dadurch, dass die Wohlfahrtsverbände verschiedene Grundwerte ihr Eigen nennen, tragen sie durch die Vielzahl und Vielfältigkeit des Angebots an sozialen Hilfestellungen dazu bei, ein umfassendes Sozialwesen zu schaffen. Somit sind die Wohlfahrtsverbände eine tragende Säule des Sozialstaates. Die Spitzenverbände verstehen sich in diesem Zusammenhang als Gemeinwohlagenturen, indem sie es den Menschen ermöglichen, sich sozial zu engagieren. Dieses Engagement kann dabei im Rahmen der persönlichen Möglichkeiten des Einzelnen geschehen und neben der finanziellen Unterstützung auch die freiwillige Mitarbeit z. B. im Rahmen eines freiwilligen sozialen Jahres oder regelmäßiger Tätigkeiten erfolgen (BAGFW 2002, 25f). Somit werden die Kräfte der Einzelnen vereint, um Not und Leid gemeinsam zu bekämpfen.

Funktion der Anwaltschaft

Des Weiteren übernehmen die Wohlfahrtsverbände die Funktion der Anwaltschaft für benachteiligte Personen, wie z. B. Behinderte, Pflegebedürftige, Arbeitslose, Obdachlose, Asylsuchende und sozial Ausgegrenzte. Diese benachteiligten Personen werden in ihrer jeweiligen Notlage unterstützt, um diese abzumildern und das Leid damit zu verringern. Zu den drei anwaltschaftlichen Funktionen gehört das Wahrnehmen der Interessen der Hilfebedürftigen, die Hilfe in den Einrichtungen für die Betroffenen sowie die individuelle Anwaltsfunktion zur Vertretung der Interessen gegenüber staatlichen und öffentlichen Institutionen (BAGFW 2002, 36f).

Durch dieses Angebot können soziales Leid und Notsituationen abgemildert und verhindert werden, indem ein sozialer Ausgleich erfolgt. Somit tragen die Leistungen der BAGFW zur Verbesserung des gesellschaftlichen Zusammenlebens und somit zur Stabilität, Kontinuität und dem Fortbestand des deutschen Sozialstaates bei.

Kritik an den Wohlfahrtsverbänden

Seit mehreren Jahren wird den Wohlfahrtsverbänden immer öfter vorgeworfen, sie unterliefen das von ihnen selbst propagierte Selbstverständnis und die diesem Selbstverständnis zugrunde liegenden Ziele. So wird z. B. das Anhäufen von Finanzmitteln aufgrund staatlicher Zuwendungen als Kritikpunkt genannt oder den Verbänden eine ineffiziente Mittelverwendung nachgesagt. Besonders beanstandet wird auch das Vorhandensein aufgeblähter bürokratischer Strukturen in den Organisationen der Wohlfahrtsverbände insgesamt.

3.5 Einbettung der Wohlfahrtsverbände zwischen Markt und Staat

Intermediäre Position

Die Wohlfahrtsverbände sind nicht staatlich, d. h., sie sind zu ihren Leistungen nicht gesetzlich verpflichtet, sondern erbringen diese Leistungen freiwillig. Sie sind aber auch nicht in der Weise gewinnorientiert wie privatwirtschaftliche Unternehmen. Daher nehmen Wohlfahrtsverbände eine intermediäre Position zwischen Markt und Staat ein.

Mit dem staatlichen Sektor verbinden die Wohlfahrtsverbände in gewisser Weise die Non-Profit-Orientierung und mit dem „Markt-Sektor“ das Freiwilligkeitsprinzip. Die beiden Prinzipien „Gemeinnützigkeit“ und „Freiwilligkeit“ sind typische Merkmale im Selbstverständnis dieses autonomen Bereichs und damit der Wohlfahrtsverbände.

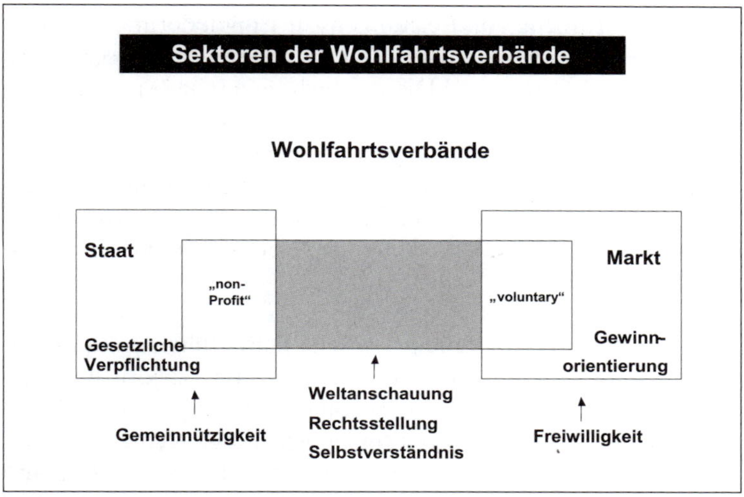

Abb. 4: Sektoren der Wohlfahrtsverbände

Die freien Träger verantworten fachlich, wirtschaftlich und organisatorisch die Einrichtungen und Dienste, die zur Verwirklichung eines großen Teils von Rechtsansprüchen notwendig sind: Von den öffentlichen Trägern können bestimmte Aufgaben (Teile der gesetzlichen Pflichtaufgaben) zur Erfüllung an die freien Träger delegiert, d. h. übertragen werden.

„Der Bund hat insgesamt Kompetenzen bei den großen Leistungssystemen; [wie u. a. bei der Arbeitslosen-, Renten- und Krankenversicherung]. Er bestimmt deren rechtliche Normierung, teils alleine, teils unter Einschluss der Bundesländer" (Boeckh et al. 2006, 193).

Gesetzlicher Rahmen der Leistungserstellung

Die Einrichtungen der Wohlfahrtsverbände unterliegen der Selbstverwaltung und werden nicht durch staatliche Hand gesteuert. Die Verbände müssen sich dessen ungeachtet an die gesetzlichen Rahmenbedingungen, welche durch Bund, Land und Kommune vorgegeben werden, bei ihrer Leistungserstellung halten.

In den verschiedenen Gesetzen des Sozialgesetzbuches (SGB) sind im Hinblick auf die Delegation von Pflichtaufgaben an andere Träger einschlägige Formulierungen zu finden. So wird u. a. im § 17 Abs. 1 SGB II die Zusammenarbeit mit Trägern der „Freien Wohlfahrtspflege" ausdrücklich angesprochen, wenn es heißt:

(1) Zur Erbringung von Leistungen zur Eingliederung in Arbeit sollen die zuständigen Träger der Leistungen nach diesem Buch eigene Einrichtungen und Dienste nicht neu schaffen, soweit geeignete Einrichtungen und Dienste Dritter vorhanden sind, ausgebaut oder in Kürze geschaffen werden können.
(2) Die zuständigen Träger der Leistungen nach diesem Buch sollen Träger der Freien Wohlfahrtspflege in ihrer Tätigkeit auf dem Gebiet der Grundsicherung für Arbeitssuchende angemessen unterstützen.

Dominanz der Freien Träger

„In Deutschland erfolgt die praktische Durchführung sozialpolitischer Maßnahmen durch eine Vielzahl von Trägern und Akteuren mit jeweils spezifischen Aufgaben und Interessen" (Bäcker et al. 2008a, 69). Soziale Leistungen, vor allem auch Leistungen im Rahmen der Sozialversicherungen, werden in Deutschland üblicherweise nicht durch staatliche Einrichtungen erbracht, sondern größtenteils, gemäß des Subsidiaritätsprinzips, durch Freie Träger, wie die Wohlfahrtsverbände. Die Basis bilden dabei Vertragsvereinbarungen zwischen den einzelnen Versicherungen und den Leistungsanbietern, in denen Entgelte/Basissätze und Leistungsangebote geregelt sind. Die Wohlfahrtsverbände, aber auch immer mehr privatwirtschaftliche Einrichtungen, übernehmen somit bei der Ausgestaltung und Sicherung des sozialen Dienstleistungsangebots Deutschlands eine prägende und zentrale Rolle (69ff).

In der Regel wird in diesen Gesetzen nicht ausdrücklich unterschieden zwischen den freigemeinnützigen Trägern oder den freigewerblichen Trägern. Dies hat zur Folge, dass im Gegensatz zur Praxis zurückliegender Jahre immer mehr gewerbliche Anbieter die „Regelungen" der Sozialgesetzgebung nutzen, um auf dem „Markt der sozialen Dienstleistungen" tätig zu werden.

Leistungsträgerschaft

Übernehmen freie Träger soziale Aufgaben, die von der Kommune delegiert werden, wird dies als Leistungsträgerschaft bezeichnet. Nicht jeder freie Träger kann eine solche Leistungsträgerschaft übernehmen, denn sie ist an bestimmte Voraussetzungen geknüpft. So weist zum Beispiel § 71 des Pflegeversicherungsgesetzes (SGB XI) im Hinblick auf Pflegeeinrichtungen ausdrücklich auf die Kriterien der selbständigen wirtschaftlichen Einheit und das Vorhandensein ausgebildeter Fachkräfte hin. Für diese Kriterien ist von den Leistungsanbietern ein entsprechender Nachweis zu erbringen.

Grundlage der Finanzierung

Die Grundlage für die Finanzierung der Dienstleistungen durch den Kostenträger ist ebenfalls im SGB geregelt und unterscheidet sich in den einzelnen Sozialgesetzbüchern durch die Finanzierungsart. Beispielsweise regelt für den Bereich des SGB II § 17 Abs. 2 SGB II, dass eine Vereinbarung zwischen Kostenträger und Dienstleister abgeschlossen werden muss. Diese muss insbesondere beinhalten:

1. Inhalt, Umfang und Qualität der Leistungen,
2. die Vergütung sowie
3. die Prüfung der Wirtschaftlichkeit und Qualität der Leistungen.

Drei Finanzierungsquellen der Sozialleistungen

Die Finanzierung der Sozialleistungen erfolgt in Deutschland maßgeblich über drei Quellen: Beiträge, Steuern und sonstige Einnahmen (u. a. Zinsen) (Boeckh et al. 2006, 190). Das deutsche Sozialsystem ist vor allem durch das Versicherungsprinzip geprägt und somit stellen die Beitragszahlungen den primären Anteil der Finanzierung dar.

Die Wohlfahrtsverbände und privatgewerbliche Einrichtungen erhalten für ihre erbrachten Dienstleistungen, wie z. B. für medizinische Versorgung, Beratung von Suchtkranken oder Kinderbetreuung, u. a. finanzielle Mittel von den Sozialversicherungen oder aus der öffentlichen Hand. Des Weiteren finanzieren sich die Einrichtungen der Wohlfahrtsverbände u. a. über Spenden, Stiftungsgelder bzw. Kirchensteuern. Einen immer wichtigeren Stellenwert übernimmt daher das Fundraising für soziale Organisationen, um ausreichend Ressourcen zur Leistungserstellung zur Verfügung zu haben.

„Das Angebot an sozialpolitischen Maßnahmen, Einrichtungen und Dienstleistungen im Rahmen des Sozialversicherungsrechts (Sozialgesetzbuch) oder spezieller Leistungsgesetze wird in den Gesetzen in vielen Fällen nur im Grundsatz vorgegeben, die konkrete Bestimmung von Mengen, Leistungsarten, Qualitäten und auch Preisen bzw. Honoraren erfolgt durch Verhandlungen und Verträge[n] zwischen Leistungserbringern [z. B. Einrichtungen der Wohlfahrtsverbände] und Kostenträgern. Im Sozialversicherungssystem, insbesondere bei der Kranken- und Pflegeversicherung, fällt der Selbstverwaltung insofern die Aufgabe zu, die staatliche Rahmengesetzgebung auszufüllen (Steuerung auf der mittleren Ebene)" (Bäcker et al. 2008a, 67f).

Rolle der Wohlfahrtsverbände

Die Rolle der Wohlfahrtsverbände im deutschen Sozialsystem ist komplex und vielfältig. Durch das Subsidiaritätsprinzip, die derzeitigen gesetzlichen Strukturen und die Entwicklung seit der Bismarckschen Sozialgesetzgebung wird jedoch ersichtlich, dass die Verbände einen zentralen Stellenwert einnehmen und aus dem heutigen Sozialsystem nicht mehr wegzudenken sind. Die Verbände müssen in ihrer Rolle stets eine Balance zwischen Staat (gesetzliche Vorgaben) und Markt (Finanzierung) finden, um ihre Ziele und Leistungen qualitativ und zuverlässig umsetzen und erfüllen zu können.

3.6 Leistungsprofile

3.6.1 Arbeiterwohlfahrt (AWO)

Wurzeln in der sozialdemokratischen Arbeiterbewegung

Die Arbeiterwohlfahrt sieht sich als ein „Element der sozialdemokratischen Arbeiterbewegung im Übergang vom 19. zum 20. Jahrhundert. Seit ihrer Gründung ist sie eine politische Interessengemeinschaft, deren Mitglieder für soziale Gerechtigkeit und sozialen Fortschritt eintreten, aber die AWO war deshalb niemals eine ausschließlich der Arbeiterschaft dienende Gemeinschaft" (AWO 2008a). Sie wurde 1919 als „Hauptausschuss für Arbeiterwohlfahrt in der SPD" gegründet. Als Teil der SPD sah sich die AWO von Anfang an als politisch ausgerichteter Wohlfahrtsverband. Insofern ist es nicht verwunderlich, dass die AWO 1933 verboten wurde. Erst 1946 konnte sie wieder gegründet werden, freilich als parteipolitisch und konfessionell unabhängiger Verband. Im Jahr 2007 beschloss die AWO eine umfangreiche Organisations- und Satzungsreform (AWO 2008b).

Heute sieht sich die AWO als

Anerkannter Spitzenverband der Freien Wohlfahrtspflege

„[...] ein anerkannter Spitzenverband der Freien Wohlfahrtspflege, in dem sich Frauen und Männer zusammengeschlossen haben, um eine fortschrittliche Arbeit zu fördern. Das sozialethische Fundament und der unverwechselbare sozialpolitische Hintergrund der AWO beruhen auf den in der Tradition der Arbeiterbewegung verankerten Grundwerten Freiheit, Gerechtigkeit, Toleranz und Solidarität. Im Vordergrund allen Handelns steht der Mensch mit seinen individuellen Fähigkeiten. Als ein traditioneller Träger von stationären Einrichtungen der Altenhilfe ist die AWO sich ihrer Verpflichtung bewusst, eine Gewähr für fortschrittliche und fachlich hochwertige Arbeit zu leisten" (AWO 2008c).

Dezentrale Struktur

Die AWO ist dezentral aufgebaut. Ihre Struktur entspricht im Wesentlichen den politischen Grenzen der Bundesrepublik Deutschland. So sind dem AWO-Bundesverband 29 Landes- und Bezirksverbände angeschlossen, den AWO-Landes- und Bezirksverbänden die Kreisverbände ihres Bereichs. Diese wiederum setzen sich aus den Ortsvereinen des Kreisgebiets zusammen (insgesamt ca. 4.000). Die AWO hat derzeit 430.000 eingetragene Mitglieder. Sie sind in den AWO-Ortsvereinen organisiert. Rund 100.000 ehrenamtlich tätige Frauen und Männer engagieren sich aktiv in der AWO. In der AWO arbeiten ca. 146.000 hauptamtliche Mitarbeiterinnen und Mitarbeiter für soziale Dienstleistungen und Einrichtungen (AWO 2008d).

Zu den wichtigsten Aufgaben, denen sich die AWO widmet, gehören die Alten- und Behindertenhilfe, Kinder- und Jugendhilfe sowie Kranken- und Ausländerhilfe. Daneben hat die AWO Beratungsstellen für Schuldner, alte Menschen und sozial Schwache.

Sozialpolitische Rolle

Ein besonderes Anliegen der AWO ist die sozialpolitische Rolle als Wohlfahrtsverband. In ihrem Leitbild schreibt die AWO dazu:

„Die Arbeiterwohlfahrt beteiligt sich in allen gesellschaftlichen Bereichen und auf allen politischen Ebenen an Entscheidungsprozessen. Als Spitzenverband der Freien Wohlfahrtspflege wirkt sie insbesondere an der Gestaltung der Sozialpolitik und bei der Lösung sozialer Probleme mit und nimmt Einfluss auf die Sozialgesetzgebung. Die Arbeiterwohlfahrt betont dabei den Vorrang der staatlichen und kommunalen Verantwortung für die Erfüllung des Anspruchs auf soziale Hilfen, auf Erziehung und Bildung sowie für die Planung und Entwicklung eines zeitgerechten Systems sozialer Dienste und Einrichtungen. Sie fördert staatsbürgerliche Verantwortung und mitbürgerliche Gesinnung" (AWO 2008e).

3.6.2 Deutscher Caritasverband (DCV)

Hilfsorganisation der katholischen Kirche

Die Caritas ist die Hilfsorganisation der katholischen Kirche. Der am 9. November 1897 von dem Priester Lorenz Werthmann in Köln gegründete „Charitasverband für das katholische Deutschland" wurde 1916 von der Deutschen Bischofskonferenz als „die legitime Zusammenfassung der Diözesanverbände zu einer einheitlichen Organisation" anerkannt. Erst 1922 hatten alle deutschen Diözesen einen Diözesan-Caritasverband als die nächsttiefere Organisationsebene. Die Gliederungen unterhielten in Deutschland bereits über 10.000 Einrichtungen. Zwischen 1933 und 1945 ständig in ihrer Existenz bedroht, überstand der DCV arbeitsfähig die Jahre der nationalsozialistischen Unrechtsherrschaft. Er begann nach 1945 mit Hilfemaßnahmen für die notleidende deutsche Bevölkerung und dem Aufbau neuer sozialer Dienste und Einrichtungen. Mit der deutschen Einigung endete auch für die Caritas in Deutschland eine über vierzig Jahre dauernde erzwungene Teilung. Die Caritasverbände in der damaligen DDR gaben ihre Neu- oder Wiedergründung als eingetragene Vereine bekannt und bekennen sich in ihren Satzungen als Teil des Deutschen Caritasverbands (Caritas 2008a).

Christliche Verantwortung

Im Leitbild des DCV stehen folgende einleitende und für das Selbstverständnis richtungsweisende Positionen:

> „Caritas ist konkrete Hilfe für Menschen in Not. Richtschnur ihrer Arbeit sind Weisung und Beispiel Jesu Christi. Die Hinwendung zu den Hilfebedürftigen und die Solidarität mit ihnen ist praktizierte Nächstenliebe. Sie ist Aufgabe und Verpflichtung eines jeden Christen. Sie ist zugleich Grundauftrag der Kirche. Aus christlicher Verantwortung leistet Caritas vielfältige Hilfe mit und für Menschen" (Caritas 2008b).

Der DCV ist föderalistisch aufgebaut, seine einzelnen Verbände sind selbständige Rechtsträger. Ihm gehören 27 Diözesan-Caritasverbände an sowie Landes-Caritasverbände und anerkannte karitative Fachverbände (z. B. das Familien-Ferien-Werk e. V., der Katholische Krankenhausverband Deutschlands e. V., der Malteser Hilfsdienst e. V.). Der DCV fungiert für alle seine Untergliederungen als Dachverband.

Das Leistungsprofil des DCV und seiner Untergliederungen ist sehr umfangreich. Zum DCV gehören Gesundheits-, Jugend-, Familien-, Alten- und Behinderteneinrichtungen, Kindergärten, Krankenhäuser und Sozialstationen sowie Beratungsstellen für Flüchtlinge, Suchtkranke, Senioren und Familien (Caritas 2008c).

Sozialethische Themen

Besonders verpflichtet fühlt sich der Caritasverband der Katholischen Soziallehre. Der Caritasverband versucht, sozialethische Themen in öffentliche Diskurse zu bringen. Konkrete Fragestellungen sind beispielsweise: Was heißt Menschenwürde konkret, wenn es um eine menschenwürdige Pflege geht? Wie steht es um Bildungsgerechtigkeit bei benachteiligten Jugendlichen? Was heißt selbstbestimmte Teilhabe für Menschen mit Mehrfachbehinderung und was bedeutet sie für die Arbeit von Einrichtungen und Diensten der Caritas? Was heißt Gerechtigkeit, wenn man auf das Auseinanderdriften von Arm und Reich in Deutschland schaut? Welche Rolle soll der Sozialstaat bei der Überwindung sozialer Ausgrenzung spielen? Die Hilfe soll im Sinne der Internationalität der Katholischen Kirche nicht nur national verortet sein, sondern der Caritasverband will mit seinem Hilfswerk „Caritas international" Projekte weltweit so gestalten, dass möglichst vielen geholfen wird (Caritas 2007).

3.6.3 Der Paritätische Gesamtverband (DPWV)

Dachverband von eigenständigen Organisationen und Gruppierungen

Der Paritätische Gesamtverband (Deutscher Paritätischer Wohlfahrtsverband, DPWV) ist ein Dachverband von eigenständigen Organisationen und Gruppierungen, die sonst keinem der Wohlfahrtsverbände angehören.

Die Gründung des DPWV geht auf einen Plan des Verbands der Frankfurter Krankenanstalten zurück, in sämtlichen Städten Deutschlands lokale Vereine gemeinnütziger Krankenanstalten ins Leben zu rufen. 1920 und 1921 wurde die „Vereinigung der freien privaten gemeinnützigen Kranken- und Pflegeanstalten Deutschland" in Berlin eingerichtet. Im Jahr 1924 schließlich wurde die „Vereinigung der freien privaten gemeinnützigen Wohlfahrtseinrichtungen Deutschlands" als fünfter Wohlfahrtsverband gegründet. Nach dem Zweiten Weltkrieg entstanden in der Bundesrepublik Deutschland die einzelnen Landesverbände, nach der Wiedervereinigung erfolgte die Gründung neuer Landesverbände auf dem Gebiet der ehemaligen DDR (Der Paritätische 2008a). Über seine Organisation sagt der DPWV:

> „Er ist Dachverband von nahezu 10.000 eigenständigen Organisationen, Einrichtungen und Gruppierungen im Sozial- und Gesundheitsbereich. Mit seinen 15 Landesverbänden und mehr als 280 Kreisgeschäftsstellen unterstützt er die Arbeit seiner Mitglieder. Er repräsentiert und fördert seine Mitgliedsorganisationen in ihrer fachlichen Zielsetzung und ihren rechtlichen, gesellschaftlichen und wirtschaftlichen Belangen. Durch verbandseigene Institutionen trägt er bei zur Erhaltung, Zusammenarbeit und Neugründung von Organisationen und Einrichtungen der Sozialarbeit" (Der Paritätische 2008b).

Die Mitgliedsorganisationen sind sehr vielfältig; sie reichen von A wie „ado – Arbeitskreis der Opferhilfen" bis Z wie „ZNS Hannelore Kohl Stiftung für Verletzte mit Schäden des Zentralen Nervensystems e. V.". Mitglieder des DPWV sind große und professionelle Einrichtungen wie die SOS-Kinderdörfer, aber auch kleine Vereine mit nur wenigen Mitarbeitern wie die Deutsche Zöliakie-Gesellschaft e. V (Der Paritätische 2008b).

Idee der Parität

Zu seinen Grundsätzen gehört es, dass sich der DPWV als ein Wohlfahrtsverband von eigenständigen Organisationen, Einrichtungen und Gruppierungen der Wohlfahrtspflege versteht, die Soziale Arbeit für andere oder als Selbsthilfe leisten.

„Getragen von der Idee der Parität, das heißt der Gleichheit aller in ihrem Ansehen und ihren Möglichkeiten, getragen von Prinzipien der Toleranz, Offenheit und Vielfalt, will der Paritätische Mittler sein zwischen Generationen und zwischen Weltanschauungen, zwischen Ansätzen und Methoden Sozialer Arbeit, auch zwischen seinen Mitgliedsorganisationen. Der Paritätische ist der Idee sozialer Gerechtigkeit verpflichtet, verstanden als das Recht eines jeden Menschen auf gleiche Chancen zur Verwirklichung seines Lebens in Würde und der Entfaltung seiner Persönlichkeit" (Der Paritätische 2008c).

Weil der DPWV hauptsächlich als Dachverband fungiert und seine Untergliederungen nicht – wie etwa beim DCV – einem einheitlichen Leitbild folgen, ist sein Leistungsspektrum so vielfältig wie seine Mitgliedseinrichtungen, die alle selbständige Rechtsträger sind und keiner zentralen Steuerung unterliegen. Der DPWV vertritt seine Mitgliedseinrichtungen gegenüber der Politik und Kostenträgern, er engagiert sich in fachspezifischen Organisationen (z. B. der Deutschen Krankenhausgesellschaft).

Verbesserung der Lebenslagen

Besonders herausgefordert fühlt sich der Paritätische von Armut und Ungleichheit in Deutschland. Deshalb wird die sozialanwaltschaftliche Rolle betont:

„Massenarbeitslosigkeit, Armut, Wohnungsnot, massive Einschnitte ins soziale Netz – die Industriegesellschaft steckt in einer tiefen Krise. Millionen Menschen in Deutschland sind von den Auswirkungen betroffen. Die soziale Balance ist gestört. Mehr denn je sieht der PARITÄTISCHE sich daher als Anwalt sozial Benachteiligter und von Ausgrenzung bedrohter Menschen gefordert" (Der Paritätische 2008d).

3.6.4 Diakonisches Werk der Evangelischen Kirche in Deutschland (DW)

Organisation der Evangelischen Kirche

Das DW oder die „Diakonie" ist die Organisation Sozialer Arbeit der Evangelischen Kirche in Deutschland. Ihre Geschichte beschreibt das DW wie folgt:

„Der Hamburger Theologe Johann Hinrich Wichern entwarf [1848] beim Wittenberger Kirchentag das Programm der Inneren Mission gegen geistliche und materielle Armut sowie soziale Not. Der ‚Centralausschuss für die Innere Mission der Deutschen Evangelischen Kirche' wurde gebildet. Danach entstanden überall in Deutschland Verbände der Inneren Mission mit rechtlich selbstständigen, sozialpädagogischen, fürsorgerischen und pflegerischen Heimen, Anstalten und Einrichtungen. Nach dem Ende des Zweiten Weltkrieges wurde das Hilfswerk der Evangelischen Kirche in Deutschland gegründet. Es erschloss Auslandshilfen und belebte ökumenische Kontakte, um die Hungersnot in Deutschland zu bekämpfen, Vertriebene und Flüchtlinge anzusiedeln und die Jugendberufsnot zu lindern. Die Innere Mission und das Hilfswerk haben sich seit 1957 in landeskirchlichen Werken zusammengeschlossen. 1975 wurden sie im Diakonischen Werk der EKD vereint. Am 19. März 1991 sind die Diakonischen Werke der Kirchen des Bundes der Evangelischen Kirchen in der DDR dem Diakonischen Werk der EKD beigetreten"(Diakonie 2008a).

Grundsätze

Zu den Grundsätzen des DW gehören folgende Überzeugungen:

„Wir orientieren unser Handeln an der Bibel.
Wir achten die Würde jedes Menschen.
Wir leisten Hilfe und verschaffen Gehör.
Wir sind aus einer lebendigen Tradition innovativ.
Wir sind eine Dienstgemeinschaft von Frauen und Männern [. . .]
Wir sind dort, wo Menschen uns brauchen.
Wir sind Kirche.
Wir setzen uns ein für das Leben in der einen Welt."
(Diakonie 2008b)

Föderaler Aufbau

Auch das DW ist föderalistisch aufgebaut, es inkorporiert 22 Landesverbände, 81 Fachverbände für verschiedene Arbeitsfelder, die Evangelische Kirche in Deutschland (EKD) sowie verschiedene Freikirchen. Diese Mitglieder repräsentieren bundesweit fast 27.000 Einrichtungen, die in einem e. V., einer gemeinnützigen GmbH oder einer Stiftung organisiert sind. Im Dienst des DW sind ca. 435.000 hauptamtliche Mitarbeiter und fast ebenso viele Ehrenamtliche (Diakonie 2007).

Vielfältiges Leistungsspektrum

Zum Leistungsprofil des DW gehören praktisch alle Bereiche der Wohlfahrtspflege wie die Alten-, Jugend-, Kranken-, Behinderten-, Gefährdeten-, Arbeitslosen-, Flüchtlings- und Eingliederungshilfe ebenso wie die Ausbildung an Fach- und Hochschulen. 2008 wurde von dem Rat der Evangelischen Kirche in Deutschland (EKD) und der evangelischen Kirchenkonferenz mitgeteilt, dass der in der Entwicklungshilfe tätige Evangelische Entwicklungsdienst (EED) und die in der Katastrophen- und Hungerhilfe tätige Aktion „Brot für die Welt" mit dem Diakonischen Werk der EKD fusionieren sollen. Damit solle die Arbeit der evangelischen Kirchen zur Überwindung von Armut und Not im Inland und weltweit langfristig gestärkt sowie effizient gestaltet werden (Diakonie 2008c).

3.6.5 Deutsches Rotes Kreuz (DRK)

Nationale Rotkreuz-Gesellschaft, Wohlfahrtsverband und Teil der Rotkreuz- und Rothalbmond-Bewegung

Das Deutsche Rote Kreuz (DRK) mit Sitz in Berlin ist die nationale Rotkreuz-Gesellschaft in Deutschland, Spitzenverband der Freien Wohlfahrtspflege in Deutschland und Teil der internationalen Rotkreuz- und Rothalbmond-Bewegung. Zu ihr gehört seit 2006 auch die israelische Hilfsorganisation Magen David Adom (MDA, Roter Schild Davids). Neben den Symbolen des Roten Kreuzes und des Roten Halbmondes wurde zu diesem Zeitpunkt der „Rote Kristall" eingeführt; nur innerhalb Israels darf die Hilfsorganisation ihr Logo, den Roten Davidstern, verwenden.

Auf internationaler Ebene wurde 1863 in Genf das „Komitee der Fünf" als der Vorläufer des heutigen „Internationalen Komitees vom Roten Kreuz" gegründet, im gleichen Jahr folgte in Württemberg die Gründung des ersten Sanitätsvereins als erste nationale Rotkreuz-Gesellschaft in Deutschland. 1869 errichteten die bis dahin bestehenden zwölf deutschen Landesvereine vom Roten Kreuz das „Centralkomité der deutschen Vereine zur Pflege im Felde verwundeter und erkrankter Krieger" mit Sitz in Berlin. Nach einer problematischen Geschichte während des Dritten Reiches wurde der Verband in der BRD 1950 und in der DDR 1952 neu gegründet. Nach der Wiedervereinigung erklärten die sechs aus dem DRK der DDR neu gebildeten Landesverbände den Beitritt zum Deutschen Roten Kreuz zum 1. Januar 1991 und schlossen einen Vertrag über die Herstellung der Einheit des DRK. Das DRK der DDR löste sich auf (DRK 2008a).

International und national geprägte Grundsätze

Die international wie national prägenden Grundsätze der Rotkreuz- und Rothalbmond-Bewegung sind: Menschlichkeit (Willen, menschliches Leiden überall und jederzeit zu verhüten und zu lindern), Unparteilichkeit (die Rotkreuz- und Rothalbmond-Bewegung unterscheidet nicht nach Nationalität, Rasse, Religion, sozialer Stellung oder politischer Überzeugung, sie ist einzig bemüht, den Menschen nach dem Maß ihrer Not zu helfen), Neutralität (gegenüber politischen, rassischen, religiösen oder ideologischen Fragestellungen), Unabhängigkeit (Bewahrung der Eigenständigkeit), Freiwilligkeit (freiwillige und uneigennützige Hilfe ohne jedes Gewinnstreben), Einheit (nur eine einzige nationale Rotkreuzgesellschaft in einem Land), Universalität. Die Rotkreuz- und Rothalbmondbewegung ist weltumfassend. In ihr haben alle nationalen Gesellschaften gleiche Rechte und die Pflicht, einander zu helfen (DRK 2008b).

Das DRK hat eine föderale Struktur, es unterteilt sich in 19 Landesverbände, 516 Kreisverbände und ca. 5.000 Ortsvereine. Daneben sind zahlreiche Rotkreuzgruppen und -vereine eingebunden (z. B. Schwesternschaften). Im Bereich des DRK arbeiten ca. 80.000 Hauptamtliche sowie ca. 400.000 Ehrenamtliche. Besonders beeindruckend ist die Zahl von 3.994.490 Fördermitgliedern (DRK 2008c).

Föderale Struktur

Die Organisationen des Roten Kreuzes sind spezialisiert auf Rettungsdienste, Blutspendedienst, Berg- und Wasserwacht. In diesen Bereichen sind sie nahezu Monopolisten. Daneben bietet das DRK die gesamte Breite des Angebots sozialer Dienste für Menschen in Notlagen an. Ein besonderer Dienst, den das Rote Kreuz anbietet, ist der „Suchdienst“. Dazu schreibt das DRK:

Leistungsspektrum

„Der DRK-Suchdienst hilft in Deutschland lebenden Menschen, die durch Kriege – etwa in Afghanistan, im Irak oder Libanon – oder infolge von Katastrophen wie dem Tsunami auf Nachricht von ihren Angehörigen warten. Der Suchdienst verfügt über ein eigenes Archiv, kann aber auch auf Einwohnermeldeämter, Standesämter und andere Einrichtungen zurückgreifen. Bei der Suche im Ausland hilft das Internationale Netzwerk des Roten Kreuzes. Der Suchdienst berät auch Menschen, die über Ländergrenzen hinweg getrennt sind, über die Möglichkeiten einer Familienzusammenführung. Weltweit erfüllen 186 nationale Rotkreuzgesellschaften die Suchdienstaufgabe“ (DRK 2007).

3.6.6 Zentralwohlfahrtsstelle der Juden in Deutschland (ZWST)

Die Zentralwohlfahrtsstelle der Juden in Deutschland (ZWST) ist der bei Weitem kleinste der Wohlfahrtsverbände und wurde 1918 als Dachverband für jüdische Organisationen und Wohlfahrtseinrichtungen gegründet. Während des Nationalsozialismus bestand die vorrangige Aufgabe der ZWST in der Fürsorge für die Auswanderer, in der Versorgung mit Essen im Winter und anderen Notmaßnahmen in allen sozialen Belangen. 1939 wurde der Verband zwangsaufgelöst. Die Mitarbeiter wurden in Konzentrationslager deportiert. Nach dem Krieg waren Hunderttausende von Juden in Deutschland gestrandet, krank, entwurzelt und von den Jahren der Verfolgung gezeichnet. Für sie waren dringende Notmaßnahmen zu leisten. Die erstrebte Weiterwanderung wurde größtenteils erst möglich nach Gründung des Staates Israel 1948 und nach Novellierung des amerikanischen Einwanderungsgesetzes, sodass sie erst 1952 zum Abschluss kam.

Kleinster Wohlfahrtsverband

Danach zeigte sich, dass etwa 22.000 jüdische Menschen in Deutschland bleiben wollten (ZWST 2008).

Die ZWST mit ihrem Hauptsitz in Frankfurt/Main hat Zweigstellen in Berlin, Leipzig, Dresden und Schwerin. Insgesamt sind rund 1.000 Mitarbeiter in ca. 90 Gemeinden beschäftigt.

Aufgaben

Als zentrale Aufgabe sieht die ZWST die Sicherung von Teilhabechancen durch die Schaffung ähnlicher Startbedingungen auch für sozial Schwächere. Sie unterstützt die Integration der Zuwanderer in die jüdische Gemeinschaft und deutsche Gesellschaft.

Integration von jüdischen Menschen mit Behinderung

Ein weiteres Aufgabenfeld tut sich immer mehr auf: die Integration von jüdischen Menschen mit Behinderung. Die ZWST hat diese Thematik zum festen Bestandteil ihres Aufgabenspektrums gemacht. Es ist das Ziel der ZWST, Eltern- und Angehörigengruppen zu fördern, die Entwicklung von Selbsthilfestrukturen zu unterstützen und die Integration physisch oder psychisch behinderter Menschen in das jüdische Gemeindeleben zu forcieren (ZWST 2008).

3.7 Rechtsformen

Vorausgehend wurde bereits erwähnt, dass die Träger der Freien Wohlfahrtspflege häufig in der Rechtsform des eingetragenen Vereins, daneben auch in Form von Stiftungen oder gemeinnützigen GmbHs, organisiert sind. Die folgenden Abschnitte sollen einen kurzen Einblick in die vorherrschenden Rechtsformen geben, um sowohl Vor- und Nachteile aufzuzeigen als auch die Vergleichbarkeit zu verbessern.

3.7.1 Der eingetragene Verein (e. V.)

Interessengemeinschaft zur Verfolgung eines Vereinsziels

Mit Verein wird eine organisierte Interessengemeinschaft bezeichnet, die die Umsetzung eines satzungsmäßig formulierten Vereinsziels verfolgt. Der Verein ist im juristischen Sinn eine auf Dauer angelegte Vereinigung von Personen (Personenvereinigung/juristische Person), die einen gemeinsamen Zweck verfolgt und eine Satzung sowie einen Vereinsnamen besitzt. Grundlage des Vereinsrechts sind die §§ 21ff BGB. Die Gründung eines Vereins ist nach dem Grundrecht der Vereinigungsfreiheit (Artikel 9 GG) jedermann freigestellt. Der Vereinszweck kann äußerst unterschiedlicher Natur sein.

Idealvereine

Sogenannte Idealvereine dienen geselligen, kulturellen, gemeinnützigen, wohltätigen, religiösen, wissenschaftlichen oder gesellschaftspolitischen Zwecken. Dazu gehören z.B. Sportvereine, Trachtenvereine, Nachbarschaftshilfevereine, Kulturvereine, Gewerkschaften und politische Parteien.

Wirtschaftlicher Verein

Als weitere Vereinsform gibt es noch die Form des wirtschaftlichen Vereins. Dieser verfolgt lediglich materielle Zwecke.

Satzung

Der Verein wird nach außen vom gewählten Vorstand vertreten, verfügt über eine schriftlich festgelegte Satzung und ein in der Satzung definiertes Vereinsziel. In der Vereinssatzung sind zusätzlich, neben dem Zweck des Vereins, der Name und Sitz sowie die Eintragung ins Vereinsregister festzuhalten (§ 57 BGB). Als freiwillige aber sinnvolle Bestandteile gelten Regelungen bezüglich des Ein- und Austritts von Mitgliedern, der Beitragspflicht, der Einberufung des Vorstands und der Mitgliederversammlung sowie der Beurkundung von Beschlüssen (§ 58 BGB).

Mitgliederversammlung

Das einzelne Mitglied hat über die Mitgliederversammlung Mitwirkungsrechte an der Beschlussfassung des Vereins.

Der Bestand des Vereins hängt nicht von der Zugehörigkeit bestimmter Mitglieder ab. Vielmehr gehört der Mitgliederwechsel zu den Charakteristika eines Vereins. Die Gründungsmitgliederzahl beträgt sieben, wobei es sich sowohl um natürliche als auch um juristische Personen handeln kann (§ 56 BGB). Dem e.V. kann die Rechtsfähigkeit entzogen werden, wenn die Zahl der Vereinsmitglieder unter drei sinkt.

Rechtsfähigkeit von Vereinen

Vereine werden auf Antrag in das vom Amtsgericht geführte Vereinsregister eingetragen. Sie sind dann rechtsfähig und führen den Zusatz „eingetragener Verein (e. V.)". Unterschieden wird daher zwischen dem rechtsfähigen und dem nicht rechtsfähigen (weil nicht eingetragenen) Verein (z.B. Gewerkschaften).

Vereinsvermögen

Für Schulden des Vereins haftet nur das Vereinsvermögen, nicht das einzelne Mitglied. Die Mitglieder können den Verein jederzeit verlassen wie auch per satzungsgemäßem Beschluss aus dem Verein ausgeschlossen werden. Ebenso kann ein Verein seine Auflösung beschließen. Vereine können verboten werden, wenn ihr Zweck oder ihre Tätigkeit den Strafgesetzen, der verfassungsmäßigen Ordnung oder der Völkerverständigung zuwiderläuft (Art. 9 GG).

Eine Besonderheit von Vereinen ist, dass diese einen Vereinsbeitrag erheben können. Diese Regelung kann dabei sowohl einen Vereinsbeitrag in Form von Geld als auch in Form von Leistungen wie z. B. Arbeitsstunden festlegen. Mit Hilfe dieses Beitrags kann der Verein, abhängig vom Vereinszweck, die Finanzierung sowie auch die Leistungserbringung sicherstellen. Von besonderem Vorteil sind die gesetzlich weit definierten Grenzen eines Vereins (vgl. §§ 21–53, 55–79 BGB). Diese ermöglichen es, den Verein gezielt auf die Anforderungen des jeweiligen Vereinszweckes zuzuschneiden. Somit können eine Vielzahl von Regelungen in der Vereinssatzung individuell festgelegt werden.

Besonders kirchlich-caritative Organisationen sind häufig in der Rechtsform eines Vereins geführt, was sich durch das Engagement vieler ehrenamtlicher Mitarbeiter erklären lässt (Ludemann/Negwer 2000, 38). In der Praxis lässt sich feststellen, dass die historisch gewachsenen Strukturen im eingetragenen Verein häufig sehr starr sind, sodass Entscheidungen innerhalb dieser Rechtsform nur schwer umsetzbar sind. Aus diesem Grund unterziehen die Verbände der Freien Wohlfahrtspflege den eingetragenen Verein als Rechtsform zunehmend einer Überprüfung. Vor diesem Hintergrund gewinnt die gemeinnützige GmbH als rechtliche Gestaltungsform in Wohlfahrtsverbänden zunehmend an Bedeutung.

3.7.2 Gesellschaft mit beschränkter Haftung (GmbH)

Die GmbH ist eine Kapitalgesellschaft, bei der die Gesellschafter für die Verbindlichkeiten der GmbH nicht mit ihrem persönlichen Vermögen haften. Unabhängig von ihrem Geschäftszweck ist die GmbH stets eine Handelsgesellschaft und als juristische Person im Handelsregister eingetragen.

GmbH-Gesetz

Die gesetzlichen Grundlagen hierzu finden sich im GmbH-Gesetz (GmbHG).

Stammkapital

Eine GmbH kann von einer oder mehreren Personen gegründet werden. Das aufzubringende Stammkapital muss mindestens 25.000 Euro betragen, wobei jeder Gesellschafter eine Stammeinlage von mindestens 100 Euro übernehmen muss. Jeder höhere Einlagenbetrag muss durch 50 Euro teilbar sein (§ 5 GmbHG). Die Höhe des Geschäftsanteils (ausgedrückt in Prozent des Gesellschaftsvermögens) richtet sich nach der Stammeinlage. Der Gegenstand der Unternehmung oder der Name eines der Gesellschafter sowie der Zusatz „mit beschränkter Haftung" müssen im Namen der Gesellschaft (Firma) enthalten sein.

Geschäftsführer und Gesellschafterversammlung

Die Organe der GmbH sind der oder die Geschäftsführer und die Gesellschafterversammlung.

Gemeinnützige GmbH

Insbesondere die Form der gemeinnützigen Gesellschaft mit beschränkter Haftung ist eine häufig gewählte Organisationsform im Bereich der Sozialwirtschaft. Es ist zu beachten, dass das verwendete Kürzel gGmbH seit 2006 nicht im Handelsregister eintragungsfähig ist. Es wird die Gefahr gesehen, dass das Kürzel gGmbH im Rechtsverkehr als Sonderform der GmbH angesehen werde und Unklarheit darüber entstehe, ob und in welchem Umfang sie den für die GmbH geltenden Regelungen unterliege. Die gemeinnützige GmbH unterliegt denselben Vorschriften und Rechtsnormen des Handelsrechts wie die GmbH (Rechnungslegung, Veröffentlichungspflicht usw.), genießt aber ebenso die Vorzüge, die für gemeinnützige Organisationen gelten. Ein besonderer Vorteil ist die ganze oder teilweise Befreiung von bestimmten Steuern (§§ 51ff AO). Damit eine gemeinnützige GmbH diese jedoch erhält, muss sie gewisse Auflagen einhalten. Beispielsweise dürfen erwirtschaftete Gewinne nicht an die Gesellschafter ausgeschüttet werden, sondern müssen für den gemeinnützigen Zweck verwendet werden. Ob eine GmbH als gemeinnützig gilt, entscheidet das zuständige Finanzamt.

Zunehmend haben die Wohlfahrtsverbände damit begonnen, ihre oft jahrzehnte-, manchmal jahrhundertealten Strukturen zu überdenken und zu modernisieren. Starkes Wachstum, veränderte Rahmenbedingungen, organisatorische Defizite, der Zwang oder Wille zu neuen Konzepten und Projekten, Nachwuchsprobleme und die Korrektur am Anfang gemachter Fehler sind dafür ebenso ausschlaggebend wie eine Neubesinnung auf eigenständige, von Staat und Markt gleichermaßen unabhängige Funktionen. Veränderungen sind in der historisch gewachsenen Vereinsstruktur häufig nur schwer umzusetzen. Aus diesem Grund werden in der Praxis zunehmend Betriebsteile des Vereins in eigene Tochtergesellschaften ausgegliedert und als rechtliche selbständige Unternehmen in Form von gemeinnützigen GmbHs geführt. Der Vorteil gegenüber dem Verein wird häufig darin gesehen, dass der Zwang zu wirtschaftlichem Handeln aufgrund der klaren gesetzlichen Rahmenbedingungen im GmbH-Gesetz eindeutiger als in der Vereinsstruktur gegeben ist.

Ausgründung von Betriebsteilen

3.7.3 Die Stiftung

Die Rechtsform der Stiftung ist neben der gemeinnützigen GmbH sowie dem Verein die häufigste Rechtsform in der Sozialwirtschaft (Schick 2003, 60). Die Stiftung ist ebenfalls eine gemeinnützige Organisation. Die rechtlichen Grundlagen hierzu finden sich in den §§ 80ff BGB.

Eindeutige Zweckbestimmung

Eine Stiftung ist als Vermögensmasse definiert, deren Erträge für einen bestimmten Zweck eingesetzt werden müssen (Ludemann/Negwer 2000, 60). Das Vermögen eines Stifters wird von einem Stiftungsrat verwaltet; die Ziele der Stiftung sind in ihrer Satzung niedergelegt. Der Wille der Stifters, bzw. der in der Satzung festgeschriebene Zweck ist die höchste Instanz einer Stiftung und in allen Entscheidungsfällen maßgeblich.

Stiftungsname

Von besonderer Bedeutung ist hier der Stiftungsname, über den sich die Stiftung definiert. Stiftungen verfolgen soziale, kulturelle, wissenschaftliche, wohltätige oder religiöse, dem Allgemeinwohl dienende Ziele. Sie unterstützen entsprechende Aktivitäten durch die Bereitstellung finanzieller oder sonstiger Ressourcen. Der wesentliche Unterschied zur GmbH und zum Verein ist, dass es weder einen Gesellschafter noch Mitglieder gibt, somit verwaltet sich die Stiftung selbst (Schick 2003, 62). Es gibt drei verschiedene Arten von Stiftungen:

Arten von Stiftungen

- Rechtsfähige Stiftungen
- Nicht rechtsfähige Stiftungen
- Stiftungen des privaten und öffentlichen Rechts

Förderstiftungen und operative Stiftungen

Des Weiteren erfolgt eine Unterscheidung zwischen Förderstiftungen und operativen Stiftungen. Förderstiftungen nutzen das von privaten Stiftern, Bürgern und Unternehmen zur Verfügung gestellte Kapital für die Unterstützung eines bestimmten sozialen Zwecks. Als operative Stiftungen bezeichnet man handlungs- und geschäftsfähige Körperschaften, die Einrichtungen betreiben oder Projekte durchführen (Ludemann/Negwer 2000, 60).

Gründung einer Stiftung

In Deutschland entsteht eine Stiftung durch das Stiftungsgeschäft des Stifters, das eine Schenkung oder eine testamentarische Hinterlassung sein kann. Dabei muss der Stifter im Rahmen des Stiftungsgeschäfts förmlich und schriftlich den Willen zur Stiftung sowie dessen Zweck und finanzielle Ausstattung mitteilen. Jede Stiftung muss einen Vorstand haben. Die Befugnisse und Verpflichtungen entsprechen denen eines Vereinsvorstands. Die eigentliche Stiftung entsteht erst mit der Anerkennung durch die Stiftungsbehörde.

In Deutschland steht eine Stiftung unter Aufsicht des Staates.

Aufsicht des Staates

Für immer mehr Einrichtungen stellen Stiftungen eine gute Möglichkeit dar, Mittel zu generieren und langfristig die Finanzierung ihrer Dienstleistungen sicherzustellen. Die Stiftung ist geeignet, um neue Spenderkreise zu erschließen, da sie in der Lage ist, dem Stifter, Zustifter bzw. Spender Vorteile (z. B. eigene Namensstiftung und Erhalt des eingebrachten Vermögens) zu gewähren, die nur in dieser Rechtsform möglich sind.

Langfristige Finanzierung

Der Vorteil von Stiftungen liegt vor allem darin, dass sie sozialen Organisationen langfristige Finanzierungsmöglichkeiten geben. Während eine Spende bei gemeinnützigen Vereinen zeitnah verwendet werden muss, kann mit den Erträgen des Stiftungskapitals dauerhaft geplant werden. Durch die regelmäßige Ausschüttung der Erträge wird ein hohes Maß an Planungssicherheit erreicht. Das Grundstockvermögen sichert die Unabhängigkeit von Mitgliedern. Lähmende Interessenkonflikte wie z. B. in Vereinen sind weitaus seltener.

4 Die europäische Diskussion um die Zukunft der Wohlfahrtsproduktion

Das Thema „Europa“ erhält zunehmend Bedeutung für den Bereich der gesamten Sozialwirtschaft. Immer deutlicher wird, dass in einem vereinten Europa auch die soziale Dimension nicht mehr ausschließlich national gedacht werden kann, mehr noch: dass die nationalen Gestaltungsspielräume zugunsten europäischer Dimensionen immer enger werden. Aus dieser Tatsache ergeben sich – insbesondere im Hinblick auf die normative Kraft des Konzepts der „Daseinsvorsorge“ – zwangsläufig Konsequenzen für die sozialen Dienste in Europa. Wir werden in diesem Kapitel den beschriebenen Grundkonzeptionen der Produktion von sozialen Dienstleistungen wieder begegnen. Das Kapitel beschreibt anhand eines kurzen geschichtlichen Rückblicks und der aktuellen Situation Grundlagen europäischer Sozialpolitik. Dabei werden die wichtigsten sozialpolitisch wirksamen offiziellen europäischen Organe und ihre Positionen erläutert.

Das Kapitel ist in zwei Abschnitte gegliedert: Im ersten Schritt erfolgt die Darstellung der Grundlagen der europäischen Sozialpolitik und in einem zweiten Schritt werden die sozialen Dienste im europäischen Kontext betrachtet.

4.1 Grundlagen europäischer Sozialpolitik

4.1.1 Kurze geschichtliche Betrachtung

In einem kurzen Abriss sollen die wichtigsten Stationen europäischer Sozialpolitik aufgezeigt und damit die verschiedenen Versuche einer Einordnung der Sozialpolitik in die gesamteuropäische Politik verdeutlicht werden. Die erste Station ist hier die Gründung der Europäischen Wirtschaftsgemeinschaft (EWG) 1957. Als gemeinsames Ziel der Bemühungen aller beteiligten europäischen Regierungen wurde in der Präambel der römischen Verträge die „stetige Besserung der Lebens- und Beschäftigungsbedingungen“ festgelegt (Abs. 4 der Präambel des EWG-Ver-

Gründung der EWG

trags). Allerdings blieb es über zehn weitere Jahre bei der Zielsetzung ohne weitere größere Anstrengungen zur Umsetzung. Zu sehr war die Gemeinschaft mit wirtschaftspolitischen Fragen beschäftigt. Die „soziale Dimension“ war „[...] die schönste Nebensache der EG“ (Henningsen 1992, 203). Eine ausdrückliche Beschäftigung mit der Sozialpolitik fand in der Ratssitzung am 8./9.12.1989 in Straßburg statt. Dort wurde die Gemeinschaftscharta der sozialen Grundrechte der Arbeitnehmer verabschiedet. Als Ziel der Europäischen Gemeinschaft wurde festgehalten: die Förderung der Beschäftigung, die Verbesserung der Lebens- und Arbeitsbedingungen, einen angemessenen sozialen Schutz, die Förderung des sozialen Dialogs, die Entwicklung des Arbeitskräftepotenzials sowie die Bekämpfung von Ausgrenzungen.

Vertrag von Maastricht

Einen weiteren Meilenstein setzte der Vertrag von Maastricht (1992). Der Text des Vertrags zur Gründung einer Europäischen Union sieht in Art. 130a vor, dass die Gemeinschaft „weiterhin ihre Politik zur Stärkung ihres wirtschaftlichen und sozialen Zusammenhalts [verfolgt], um eine harmonische Entwicklung der Gemeinschaft als Ganzes zu fördern“.

Rolle der Wohlfahrtsverbände in Europa

Die Rolle der Verbände im Sozial- und Wohlfahrtswesen wird dabei seitens der europäischen Institutionen (Rat, Kommission und Parlament) als positiv anerkannt. Von besonderer Bedeutung für die deutschen Organisationen ist dabei die Erklärung 23 der Schlussakte des EU-Vertrags von Maastricht über die Rolle der Wohlfahrtsverbände in einem vereinten Europa, wo in den Protokolltext folgender wichtiger Passus aufgenommen wurde:

> „Die Konferenz betont, dass zur Erreichung der in Artikel 117 des Vertrages zur Gründung der europäischen Gemeinschaft genannten Ziele eine Zusammenarbeit der Europäischen Gemeinschaft mit den Verbänden der Wohlfahrtspflege und den Stiftungen als Träger sozialer Einrichtungen und Dienste von großer Bedeutung ist“.

Schulte hebt hervor, dass spätestens seit diesem Vertrag die Übertragung von Kompetenzen auf die Gemeinschaft „[...] offenkundig zu den ‚Essentials‘ des Vertragswerks gehörte [...]“ (Schulte 1997, 167).

Vertrag von Amsterdam

Mit Inkrafttreten des Vertrags von Amsterdam am 1.1.1999 hat die soziale Dimension des Europäischen Staatenverbunds eine deutliche Aufwertung erfahren, da die Organe der Gemeinschaft eine umfangreiche Zuständigkeit haben. Mit dem Vertrag ist eine Stärkung der Rechte von Einzelpersonen und mehr Demokratie durch eine Erweiterung der Rechte des Europäischen Parlaments angestrebt. Der Vertrag enthält außerdem eine gemeinsame Verpflichtung für mehr Beschäftigung in der Union, zudem soll ein gemeinsamer Raum der Freiheit, der Sicherheit und des Rechts geschaffen werden. Der Europäische Rat von Lissabon (März 2000) beschloss eine politische Vereinbarung mit dem Ziel,

> „die Union zum wettbewerbsfähigsten und dynamischsten wissensbasierten Wirtschaftsraum der Welt zu machen [...], der fähig ist, ein dauerhaftes Wirtschaftswachstum mit mehr und besseren Arbeitsplätzen und einem größeren sozialen Zusammenhalt zu erzielen".

In Folge dieser sogenannten „Lissabon-Strategie" hat die EU-Kommission „einen umfassenden, einheitlichen Ansatz für die Europäische Union" vorgeschlagen,

> „um die neuen Herausforderungen an die Sozialpolitik anzugehen. Die neue Agenda hebt die grundlegende Verbindung zwischen der Wirtschaftsstärke Europas und seinem Sozialmodell hervor und versucht, eine positive und dynamische Wechselwirkung von Wirtschafts-, Beschäftigungs- und Sozialpolitik herbeizuführen" (EU 2008a).

Kern der Agenda der EU-Kommission ist die

> „Weiterentwicklung der Evaluierung von arbeitsmarktpolitischen Maßnahmen, und zwar auf der Grundlage eines Peer-Review-Ansatzes und eines Austausches bewährter Verfahren; Gewährleistung der Übereinstimmung von Wirtschafts-, Struktur- und Beschäftigungspolitik" (EU 2008a).

Vertrag von Nizza

Mit dem Vertrag von Nizza (2001) wurde eine Reihe von rechtlichen Rahmenbedingungen geschaffen:

- Diskriminierungsverbot: Der EG-Vertrag verbietet in seinem Anwendungsbereich jede Diskriminierung aus Gründen der Staatsangehörigkeit (Art. 12 EGV). Die unterschiedliche Behandlung in vergleichbaren Situationen ist nicht zulässig. Jeder Unionsbürger muss in jedem Staat des Binnenmarktes wie ein Einheimischer behandelt werden.
- Prinzip der gegenseitigen Anerkennung: Einschlägige Rechtsvorschriften anderer EU-Staaten sind in jedem Mitgliedsstaat der Gemeinschaft den inländischen Vorschriften gleichzusetzen.
- Angleichung der Rechtsvorschriften: Rechtsvorschriften, die in den Mitgliedsstaaten unterschiedlich sind und die Errichtung sowie das Funktionieren des Binnenmarktes behindern, müssen harmonisiert, d.h. durch EU-Richtlinien einander angeglichen werden (Art. 94–97 EGV). Konstitutiv für die Euro-

päische Union sind das Markt- und Wirtschaftsprinzip. Für alle wirtschaftlich tätigen Unternehmen in der ganzen EU sollen gleiche Wettbewerbsbedingungen gelten (Art. 81–89 EGV). Die Regelungen richten sich in besonderer Weise an die Mitgliedsstaaten, die in Bezug auf die Vergabe staatlicher Beihilfen diszipliniert werden sollen. Staatliche Beihilfen an Unternehmen dürfen nicht die Wettbewerbsbedingungen des Binnenmarktes verzerren. In diesem Sinne will die EU die Anwendung der Wettbewerbsregeln durchsetzen, im Übrigen auch für öffentliche Unternehmen und Vereine, sofern sie wirtschaftlich tätig sind.

4.1.2 Die „soziale Dimension" in einem vereinten Europa

Europa als Herausforderung

Für alle sozialen Organisationen stellt die europäische Integration eine enorme Herausforderung dar. Nicht nur der Souveränitätsverlust der Nationalstaaten wird die Ausgangslage von Wohlfahrtsverbänden verändern, auch die Dynamik des wirtschaftlichen Zusammenwachsens wird eine Organisationsentwicklung nach nur nationalem Maßstab ungenügend erscheinen lassen. Dabei startet das „soziale Europa“ von unterschiedlichen Ausgangssituationen, da erkennbar wird,

„[...] daß es derzeit kein einheitliches Modell des europäischen Sozialstaats gibt, daß die (west-)europäischen Nationen vielmehr gemäß ihrem jeweiligen wirtschaftlichen und gesellschaftlichen Entwicklungsstand sowie aus ihren spezifischen sozialen und kulturellen Traditionen heraus ganz unterschiedliche Modelle von Sozialstaatlichkeit entwickelt haben" (Hanesch 1998, 16).

Gremien auf europäischer Ebene

Um die Bedeutung der Rolle der sozialen Dimension in der europäischen Integration und ihre Auswirkungen auf die sozialen Dienste zu charakterisieren, müssen mehrere Ebenen unterschieden werden:

1. Die programmatischen Beschlüsse der obersten Organe der Europäischen Union (z. B. Europäischer Rat)
2. Die Konzepte der Europäischen Kommission (KOM), die für die Zukunft richtungweisend sind
3. Die Rechtsprechung des Europäischen Gerichtshofes (EuGH), der in seiner Bedeutung für die Weiterentwicklung der Europäischen Union als Rechtsgemeinschaft immer größere Bedeutung gewonnen hat

Neben diesen rechtssetzenden Gremien sind auf europäischer Ebene weitere Gremien zu nennen, etwa das Europäische Parlament oder für den Sozialbereich der „Europäische Wirtschafts- und Sozialausschuss", der sich selbst die „Brücke zwischen Europa und der organisierten Zivilgesellschaft" (EU 2008b) nennt.

Die wichtigsten Vertragstexte (Maastricht, Amsterdam, Nizza), beschlossen durch den Europäischen Rat der Regierungen und verabschiedet durch die nationalen Parlamente, sind weitgehend allgemeiner Natur. Nach dem Vertrag von Nizza gehört heute zu den sozialpolitischen Zielen der Union

> „ein hohes Beschäftigungsniveau und ein hohes Maß an sozialem Schutz, die Gleichstellung von Männern und Frauen, [. . .], die Hebung der Lebenshaltung und der Lebensqualität, den wirtschaftlichen und sozialen Zusammenhalt und die Solidarität zwischen den Mitgliedsstaaten zu fördern" (Art. 2 EGV).

Damit ist zwar grundsätzlich vorgegeben, dass die Gemeinschaft mehr sein soll als eine wirtschaftliche Integration, jedoch ist unbestritten, dass sozialpolitische Kompetenzen im Sinne des Subsidiaritätsprinzips im Verantwortungsbereich der Nationalstaaten bleiben sollen (Clapham 2004, 21ff).

Die Europäische Kommission (KOM) vertrat lange Zeit das Konzept der „Economie Sociale". Anfang der 1990er Jahre definierte sie es wie folgt:

> „Die zur ‚Economie Sociale' gerechneten Unternehmen gehören insoweit zum Bereich der Wirtschaft, als sie produktive Aktivitäten ausüben, durch die Ressourcen zu Zwecken der Bedarfsdeckung eingesetzt werden; diese Organisationen produzieren Güter und erbringen Dienstleistungen, die marktgängig sind (also zu einem Preis verkauft werden, mit dem zumindest die Entstehungskosten gedeckt werden), daneben aber auch nicht marktgängige Güter und Dienstleistungen (die kostenlos oder zu einem nicht an den Kosten ausgerichteten Preis bereitgestellt werden, wobei der Fehlbetrag außerhalb des Marktes über Beiträge, Zuschüsse und Schenkungen finanziert wird)" (EG-Kommission, zitiert in: Biehler 1997, 162).

Dies aber hätte bedeutet, dass die sozialen Dienste in Europa dem Gemeinschaftsrecht unterworfen gewesen wären. Sie hätten sich dann z. B. zu nach europäischem Recht operierenden Aktiengesellschaften zusammenschließen müssen. Die KOM hat diese Auffassung durch das Konzept der „Daseinsvorsorge" modifiziert.

Methode der offenen Koordinierung

Für die gegenwärtige Praxis der KOM hat sich die „Methode der offenen Koordinierung" (OMK) durchgesetzt. Bauer und

Knöll beschreiben diese auf Art. 128 EVG beruhende Praxis wie folgt:

„Bei der OMK werden ganz im Sinne der Maxime der ‚Output-Steuerung' die Programmziele gemeinsam festgelegt, den Mitgliedstaaten die Ausarbeitung des Weges dorthin aber grundsätzlich freigestellt. Die Partner verpflichten sich allerdings, die notwendigen Daten, die für das europaweite Monitoring notwendig sind, kontinuierlich zu liefern. Da diese Messzahlen zuvor verbindlich festgelegt werden, ist es genau diese Vergleichsübung, das so genannte Benchmarking, das die einzelnen Regierungen motiviert, innerhalb einer gewissen Bandbreite in die gleiche Richtung zu gehen bzw. auf ‚ein gemeinsames Ziel' hinzuarbeiten. Notorische Schwachstellen bei der Umsetzung von Politikprogrammen im europäischen Mehrebenensystem, insbesondere bei der Umsetzung und Implementationskontrolle, können damit neutralisiert werden – zumal die Ressourcenverantwortung ganz in der Handlungsautonomie des einzelnen Mitgliedstaates bleibt. Kein ‚goldener Zügel' supranationaler Finanzierung nationaler Projekte wird zur Erreichung einer europäischen Konvergenz benötigt. Dennoch bewegen sich die Mitgliedstaaten auf ein gemeinsam definiertes Ziel zu" (Bauer/Knöll 2003, 35).

Mit der OMK wird die derzeitige generelle Richtung europäischer Politik deutlich: Sie geht weg von der Vorstellung zentraler Detailsteuerung mit Geld oder Gesetz und versucht, über gemeinsame Zielvereinbarungen eher koordinierend als vereinheitlichend diese Ziele zu erreichen.

Europäischer Gerichtshof

Eine wichtige Rolle in der Weiterentwicklung der europäischen Integration hat in den vergangenen Jahren der Europäische Gerichtshof (EuGH) gespielt. Da die Europäische Union vor allem eine Rechtsgemeinschaft ist, kann die Bedeutung dieses Gremiums nicht hoch genug eingeschätzt werden. Aus der Vielzahl der richtungweisenden Urteile soll nur eines herausgegriffen werden: In seinem Urteil zu den Fragestellungen grenzüberschreitender Dienstleistungen hat der EuGH klar Stellung bezogen. Jeder Versicherte kann in jedem Mitgliedsland der EU soziale Dienstleistungen erhalten und seine Versicherung muss dies im Rahmen der vertraglich vereinbarten Leistungen bezahlen. Der EuGH lehnt damit die gängige Praxis ab, soziale Leistungen nur im Heimatland erhalten zu können und begründet dies mit der Dienstleistungsfreiheit des Europäischen Binnenmarktes (EuGH, 1998). Mit diesen Urteilen trägt der EuGH zum Abbau nationaler Schranken bei, schränkt die Rolle nationaler Regelungen ein und verweist auf die Notwendigkeit grenzüberschreitender Verständigung über soziale Standards. Auch für das schon erwähnte und noch ausführlich darzustellende Konzept der „Daseinsvorsorge“ hat der EuGH entscheidende Grundlagen gelegt.

Europäisches Parlament

In der Diskussion um eine europäische Verfassung wurde immer auch eine stärkere Rolle des Europäischen Parlaments gefordert, um Europa bürgernäher und demokratischer zu machen. Insbesondere der Teil zur „Beschäftigung und soziale Angelegenheiten“ befasst sich intensiv mit Fragen der Sozialwirtschaft. Im Rahmen der Überarbeitung der Verträge sind die Befugnisse des Europäischen Parlaments innerhalb der europäischen Organe kontinuierlich ausgeweitet worden. Heute steht das Europäische Parlament als Mitgesetzgeber da, es verfügt über eine Haushaltsbefugnis und nimmt gegenüber allen europäischen Einrichtungen die Aufgabe einer demokratischen Kontrolle wahr. Im Reformvertrag von Lissabon sollten diese Rechte weiter gestärkt werden, allerdings ist dieser noch nicht endgültig von allen Staaten angenommen (Europäisches Parlament 2008).

Europäischer Wirtschafts- und Sozialausschuss (EWSA)

Eine vor mittlerweile über 50 Jahren eingerichtete „Brücke“ zwischen den Bürgern Europas und den Institutionen ist der Europäische Wirtschafts- und Sozialausschuss (EWSA). Er wurde 1957 eingerichtet und ist eine beratende Institution der Europäischen Union, die den zentralen EU-Organen (Europäische Kommission, Rat, Europäisches Parlament) mit ihrem Sachverstand zur Seite steht. Der EWSA ist eine Versammlung von 344 Mitgliedern aus den 27 Mitgliedstaaten der Europäischen Union. Die Mitglieder werden für vier Jahre ernannt und arbeiten neben den eher seltenen Plenartagungen in drei Gruppen (Arbeitgeber – Arbeitnehmer – „verschiedene Interessen“, in letzterer Gruppe finden sich Vertreter der Sozialwirtschaft). Der EWSA erarbeitet Stellungnahmen zu EU-Legislativvorschlägen und behandelt in Initiativstellungnahmen weitere Themen, die seiner Meinung nach aufgegriffen werden sollten. Er fördert die Rolle der Organisationen der Zivilgesellschaft durch den Aufbau eines „strukturierten Dialogs“ mit den betreffenden Interessengruppen in den EU-Mitgliedsstaaten und in anderen Ländern weltweit (EWSA 2008a). Die Bandbreite der Themen, die der EWSA behandelt, ist sehr groß und umfasst alle Bereiche der Sozial- und Wirtschaftspolitik. Für unseren Zusammenhang interessant sind beispielsweise die Stellungnahmen des EWSA zum Problem der Vertretbarkeit staatlicher Beihilfen für soziale Organisationen im Zusammenhang mit der „Daseinsvorsorge“ (EWSA 2002).

Koordinierte Sozialpolitik in Europa

Zusammenfassend kann deshalb zum Stand europäischer Sozialpolitik mit Schulte festgehalten werden, dass die europäische Integration insgesamt einen

„[...] Verlust an faktischer Handlungsautonomie dieser [National-]Staaten auch im Bereich der Sozialpolitik zur Folge [hat]. Deshalb kann die Sozialpolitik heute in Deutschland wie in den anderen Mitgliedsstaaten der europäischen Union nicht mehr als eine rein oder wenigstens primär nationale Domäne angesehen werden, sondern die Sozialpolitik ist künftig notwendigerweise transnational" (Schulte 2002, 45).

Dabei ist die Einflussnahme Europas differenziert zu sehen:

- Traditionell ist die Zuständigkeit für Sozialpolitik stets eine Sache der Nationalstaaten gewesen. Die Rolle der europäischen Gremien sollte sich auf Koordination, nicht aber auf Angleichung beziehen. Dies hat sich bis heute nicht grundlegend verändert.
- In jüngster Zeit erhält die europäische Ebene zunehmend auch rechtliche Kompetenzen. Die Frage der Angleichung der sozialen Lebensverhältnisse in ganz Europa wird sich insbesondere durch den Beitritt ärmerer Staaten und der damit verbundenen Zuwanderungsthematik verschärfen.
- Jenseits der rechtlichen Kompetenzübertragung wird die wirtschaftliche Dynamik eine weitergehende faktische Angleichung der sozialen Sicherungssysteme dringender erscheinen lassen. Offene Grenzen bedeuten auch Konkurrenz zwischen den Nationalstaaten, was deren soziale Leistungen, Kosten und Erbringer betrifft.

4.2 Soziale Dienste in Europa

Wenn es in einem vereinten Europa zu einer koordinierten Sozialpolitik kommen soll, ist für soziale Dienste folgende Frage von besonderer Bedeutung: Wie soll auf der organisatorischen Ebene der sozialen Dienste ein vereintes Europa aussehen? Diese Frage ist insbesondere deshalb von Gewicht, weil, wie gezeigt, die nationalen Grenzen auch für soziale Dienste verschwinden und deshalb eine grenzüberschreitende Tätigkeit möglich ist und möglich sein muss.

Konkurrierende Sozialmodelle

Im Folgenden werden nun verschiedene konkurrierende Sozialmodelle aufgezeigt. Dabei wird deutlich, dass sich eine europaweit gemeinsame Organisation schwierig gestaltet. So findet sich die Vorstellung des staatsorientierten „nordischen“, des liberalen „angelsächsischen“ und des korporatistischen „kontinentaleuropäischen“ Sicherungsmodells, die in einem vereinten Europa naturgemäß in Konkurrenz zueinander treten (Kapitel 4.2.1). Kapitel 4.2.2 befasst sich mit dem von der Europäischen Kommission vorgelegten „Konzept der Daseinsvorsorge“ („Services of General Interest“). In Kapitel 4.2.3 werden Anfragen an die Wohlfahrtsverbände im Hinblick auf das Wettbewerbsrecht diskutiert. Kapitel 4.2.4 zeigt die möglichen Konsequenzen für die Gestaltung sozialer Dienste in Deutschland auf.

4.2.1 Ausgangssituation: Konkurrierende Sozialstaatsmodelle

Sozialstaatsmodelle

Nicht von ungefähr finden sich in den sozialstaatlichen Konzeptionen auf europäischer Ebene jene im zweiten Kapitel beschriebenen Sozialstaatsmodellen wieder: liberales Modell, Soziale Marktwirtschaft, fürsorgender Wohlfahrtsstaat. Sie sind in sehr unterschiedlicher Gewichtung die Eckpfeiler der jeweils nationalen Lösungen zur Sicherung des sozialen Friedens. Da die Ideengeschichte ausreichend beschrieben ist, soll an dieser Stelle nur noch kurz auf die jeweiligen Grundannahmen in den einzelnen Ländern eingegangen werden. Dabei ist zu beachten, dass die Modelle in der „reinen“ Form nicht vorkommen, sondern vielmehr idealtypisch sind. Die konkrete „Mischung“ in den einzelnen Ländern in all ihren Ausdifferenzierungen kann hier nicht dargestellt werden. Interessant wäre auch die Frage, inwieweit sich die einzelnen Länder nicht durch die europäische Einigung einem gemeinsamen Sozialstaatsmodell („aktivierender Sozialstaat“?) annähern. Auch dieser Frage kann hier nicht weiter nachgegangen werden. Vielmehr sollen mit der mittlerweile klassischen Einteilung von Gösta Esping-Andersen die drei Typen von „Wohlfahrtsstaatlichen Regimen“ unterschieden werden, anhand derer die Konkurrenzsituation um das vorherrschende Modell innerhalb Europas belegt werden soll (Esping-Andersen 1998, 44ff):

1. Das nordische Modell („sozialdemokratisch“)
2. Das angelsächsische Modell („liberal“)
3. Das kontinentaleuropäische Modell („korporatistisch“)

Nachfolgend sollen die Modelle kurz charakterisiert und an einem länderspezifischen Beispiel erläutert werden:

Das nordische Modell

1. Das gerechtigkeitsorientierte „nordische" Sicherungsmodell (Norwegen, Schweden, Finnland): Das „nordische" Modell wurde hauptsächlich von sozialdemokratisch dominierten Ländern (Schweden, Norwegen, Finnland) verwirklicht, deren Leitgedanke die „soziale Gerechtigkeit" ist. Es entspricht in vielerlei Hinsicht dem, was ideengeschichtlich über den „fürsorgenden Wohlfahrtsstaat" gesagt wurde.

„Statt den Dualismus zwischen Staat und Markt, zwischen Arbeiterklasse und Mittelschicht hinzunehmen, strebten die Sozialdemokraten einen Wohlfahrtsstaat an, der Gleichheit auf höchstem Niveau – und nicht, wie anderswo, die gleiche Befriedigung von Mindestbedarfen – bieten sollte" (Esping-Andersen 1998, 45).

Steuerfinanzierung

Das nordische Modell setzt dabei auf die Rolle des gerechtigkeitsorientierten Staates. Hier werden soziale Sicherungsleistungen als Bürgerrechte definiert, wobei allen Bürgern gleiche steuerfinanzierte Sicherungsleistungen zustehen. Personen, die einer bezahlten Beschäftigung nachgehen, erhalten zusätzliche einkommensbezogene Leistungen aus betrieblichen Systemen. Nur die Arbeitslosenversicherung ist vom staatlichen Sicherungssystem abgetrennt und beruht auf Freiwilligkeit. Anders als im kontinentaleuropäischen Modell wird hier nicht die Familie als „Keimzelle des Staates" gesehen, insofern werden Leistungen direkt an Kinder vergeben in der Überzeugung, damit Kinder möglichst (finanziell) unabhängig von ihren Eltern zu machen. Deshalb übernimmt der Staat auch die Kosten von außerfamiliärer Unterbringung (Krippe, Kindertagesstätte) und gibt jedem Kind das individuelle Recht auf einen Platz. Insgesamt liegt das Niveau der Sozialleistungen damit vergleichsweise hoch. Da die Leistungen weitgehend steuerfinanziert sind, werden entsprechend hohe Steuerabgaben erhoben.

Geringe Bedeutung frei-gemeinnütziger Träger

In skandinavischen Ländern ist die Rolle frei-gemeinnütziger regierungsunabhängiger Dienste als Träger sozialer Dienstleistungen eher gering, da die sozialen Leistungen von staatlichen Stellen erbracht werden. So sind beispielsweise in Schweden die Gemeinden Träger sozialer Dienstleistungen. Ein sozialwirtschaftlicher Sektor existiert daher bislang kaum. Ihre dienstleistende Rolle erstreckt sich auf Bereiche, die nicht staatlich geregelt sind. Allerdings sind auch in den nordischen Ländern

Veränderungen im Gange: Der Staat nimmt allmählich Abschied vom staatlichen „Universalismus“ der Allzuständigkeit. Die neue Zielrichtung ist geprägt von der Leitvorstellung des „Welfare-Mix“. Insbesondere ist ein Trend erkennbar, soziale Leistungen stärker zu privatisieren: Familien werden in der Pflege stärker gefordert, einkommensabhängige Gebühren eingeführt und gemeinnützige Organisationen übernehmen staatliche soziale Dienste (z. B. in der Arbeitsförderung).

Das angelsächsische Sicherungsmodell

2. Das liberale „angelsächsische“ Sicherungsmodell (United Kingdom, Irland): Das angelsächsische Modell setzt seit den 90er Jahren hauptsächlich auf die Rolle freier Märkte und damit auf die Selbstverantwortung des Einzelnen. Jeder hat für die Wechselfälle seines Lebens Eigenvorsorge zu leisten. Nur bei nachgewiesener unverschuldeter Armut kann mit staatlicher Solidarität gerechnet werden. Insofern existiert eine umfassende soziale Sicherung mit Sozialversicherungsleistungen auf niedrigem Niveau und Fürsorgeleistungen, die nach Bedarfsprüfung einsetzen.

„Es handelt sich dabei um ein Modell, in dem die Reichweite sozialer Reformen in impliziter oder expliziter Weise durch traditionelle Normen einer liberalen Arbeitsethik begrenzt worden ist, eines, in dem die Grenzen staatlicher Wohlfahrt mit der geringen Neigung, Sozialleistungen anstelle von Arbeit einzufordern, korrespondieren. Die Zugangsregeln sind daher strikt und häufig stigmatisierender Natur, die Leistungen für gewöhnlich niedrig. Der Staat fördert hier den Markt, indem er nur minimale Leistungen bietet, oder aber in aktiver Weise durch die Subventionierung privater Sicherungsformen“ (Esping-Andersen 1998, 43).

Damit nimmt das liberale Modell mit einer starken Betonung von Leistung, Arbeitsethos und Individualismus bewusst Ungleichheit in Kauf.

Nach dem Community Care Act von 1990 haben die Gemeinden in Großbritannien ihre traditionelle Rolle als Dienstleistungserbringer verändert: Sie sind nun verstärkt die Organisatoren der Hilfe im Sinne eines Care Managements: Während privat-kommerzielle und frei-gemeinnützige Dienste die eigentliche Dienstleistung anbieten, ist der Care Manager auf örtlicher Ebene der „Einkäufer“, der mit Leistungsverträgen und Ankauf der Dienstleistungen operiert. Insofern besteht ein Quasi-Markt, mit einer Vielzahl von konkurrierenden Anbietern, aber einem Nachfragemonopol des Care Managers. Zentrale Regelungen über Finanzierungen existieren nicht.

Das korporatistische Sicherungsmodell

3. Das „kontinentaleuropäische" Sicherungsmodell (Deutschland, Frankreich, Österreich): Im „konservativen" Modell, das weitgehend auf den Grundlagen des Bismarckschen Sozialversicherungssystems beruht, bildet das verpflichtende Versicherungsprinzip den Kernbereich der Absicherung. Charakteristisch ist die Bindung sozialer Sicherung an den Beschäftigungsstatus, da Leistungen beitragsfinanziert sind. Sicherungslücken in diesem primären Netz werden durch ein separates letztes Netz von Fürsorgeleistungen geschlossen. In Deutschland firmiert dieses Modell unter dem Signum der „sozialen Marktwirtschaft", allerdings – wie wir oben ausgeführt haben – mit einer deutlichen Betonung wohlfahrtsstaatlicher Elemente.

„Dieser Korporatismus gehörte zu einer Staatskonzeption, die sich anschickte, den Markt als Wohlfahrtsproduzenten zu verdrängen; daher spielen in diesem Modell private Versicherungen und betriebliche Zusatzleistungen auch nur eine allenfalls marginale Rolle. [...] Die korporatistischen Regime sind darüber hinaus typischerweise auch durch den Einfluss der Kirche bestimmt, woraus sich eine starke Verpflichtung zugunsten der Aufrechterhaltung traditionaler Familienformen ergibt" (Esping-Andersen 1998, 44).

Betont werden deshalb Werte wie die Familie vor staatlicher Solidarität, was dazu führt, dass Kinder zuerst in familiärer Umgebung und erst sekundär in staatlich finanzierten und regulierten Einrichtungen aufwachsen sollen.

Vielzahl von Anbietern

In diesem System erbringen private wie frei-gemeinnützige Anbieter soziale Dienstleistungen, die von der Sozialversicherung durch Pflegesätze und Zuweisungen auf Basis der Kostenerstattung abgegolten werden. So hat sich auch hier eine Vielzahl von Anbietern etabliert, die miteinander konkurrieren. In Frankreich beispielsweise werden die Äquivalente zu den deutschen Wohlfahrtsverbänden „Associations" genannt, die sich wie ihre deutschen Partner durch eine gemeinwirtschaftliche Zielsetzung charakterisieren. Sie genießen so lange staatliche Privilegien, so lange sie diesen Charakter nachweisen können. Insofern sind in diesem System ebenfalls Marktelemente vorhanden, jedoch im Vergleich zum angelsächsischen Modell sehr stark reglementiert durch staatliche Vorgaben.

Das in südeuropäischen Ländern vorherrschende Sicherungsmodell soll hier nicht eingehend beleuchtet werden, da es nur rudimentäre Funktionen aufweist. Für dieses gilt, was Hanesch sagt: „De facto gehen die Sicherungssysteme in diesen Ländern immer noch von der Prämisse aus, daß die ergänzende Absicherung durch die primären Netze (Familie und private Wohltätigkeit) erfolgt" (Hanesch 1998, 16).

Konvergenz der Wohlfahrtssysteme

Es sei hier noch einmal betont: Die von Esping-Andersen aufgezeigten Modelle sind Idealtypen, die sich in der Realität der Sozialpolitik der einzelnen Länder mischen, z. T. konterkarieren. Insofern ist Bernd Schulte zuzustimmen, wenn er an der Typologie kritisiert, sie sei „[...] stets sehr vergröbernd" (Schulte 1998, 263). In allen Gesellschaften wandeln sich die sozialpolitischen Vorstellungen – und das ist der Punkt, um den es hier geht: Sie wandeln sich, weil sie in Konkurrenz zueinander stehen, weil sie sich im internationalen Wettbewerb als gute Lösung zeigen müssen, und nicht zuletzt, weil die wirtschaftliche Integration auch zu einer sozialpolitischen Positionierung zwingt (z. B. die Frage nach „Standortfaktoren" für Unternehmen). Bernd Schulte beschreibt den derzeitigen „Trend" im Prozess der europäischen Integration folgendermaßen:

> „[...] dass ein deutlicher und sich vertiefender Unterschied besteht zwischen den ökonomisch Aktiven einerseits und den ökonomisch Nicht-Aktiven oder nicht so erfolgreich Aktiven andererseits [...]. Dies bedeutet zugleich, dass sich die skandinavischen und die anderen europäischen Wohlfahrtsstaaten einander annähern, dass m. a. W. die Konvergenz der Wohlfahrtsstaatensysteme in der europäischen Union zunimmt" (Schulte 1998, 266).

4.2.2 Das Konzept der „Daseinsvorsorge" der Europäischen Kommission

Angesichts dieser Situation ist das Bestreben der Organe der Europäischen Union nur allzu berechtigt, ein Rahmenkonzept für Soziale Dienste zu entwickeln, das einerseits den nationalen Verschiedenheiten Rechnung trägt, andererseits aber den sozialen Diensten in Europa eine gemeinsame Basis gibt. Angesichts der vielen Akteure auf europäischer Ebene ist es nicht einfach, diese Rahmenbedingungen zu beschreiben.

Rahmenkonzept für soziale Dienstleistungen

Es sind aber nicht nur die Vielzahl der Akteure, sondern die z. T. widersprüchlichen Anforderungen, die ein Rahmenkonzept für soziale Dienstleistungen erfüllen muss:

- Sie stehen zwischen Markt und allgemeinem Interesse,
- sie sollen gleichzeitig wirtschaftliche, soziale und ökologische Ziele erfüllen,

- dienen sollen sie Nutzern (wie Einzelpersonen – auch aus benachteiligten Gruppen, Unternehmen oder Kollektiven), die nicht alle die gleichen Bedürfnisse und Interessen haben,
- die Zuständigkeiten sollen zwischen den einzelnen Mitgliedsstaaten und der europäischen Gemeinschaft verteilt sein (EWSA 2008b).

Öffentliche Sicherstellung von gesellschaftlich notwendiger Infrastruktur

Ein wichtiges Dokument findet sich in der Mitteilung der Kommission zu „Leistungen der Daseinsvorsorge in Europa" („Services of General Interest") vom 20. September 2000. Leistungen der Daseinsvorsorge sind jene Güter und Dienstleistungen, die unabhängig von der Versorgung durch Märkte für alle zugänglich sein müssen. Insofern ist unter Daseinsvorsorge die öffentliche Sicherstellung von gesellschaftlich notwendiger Infrastruktur zu verstehen, so z.B. die Wasserversorgung oder die Telekommunikationsdienste. Gemäß der EU-Verträge gehören die Dienstleistungen der Daseinsvorsorge, insbesondere wegen ihres Beitrags zum sozialen Zusammenhalt, zu einem zentralen Bestandteil der Union. Der vom Europäischen Rat am 17./18. Oktober 2007 angenommene reformierte Vertrag bestätigt dies, indem dem Europäischen Parlament und dem Rat der Europäischen Union die Möglichkeit eingeräumt wird, im Wege von Verordnungen die Grundsätze und Bedingungen festzulegen, mit deren Hilfe sich die Aufgaben der Dienstleistungen der Daseinsvorsorge erfüllen lassen. Dabei bleibt die Zuständigkeit der Mitgliedsstaaten, diese Dienstleistungen zu erbringen, in Auftrag zu geben und zu finanzieren, unberührt, aber gleichzeitig wird die geteilte Verantwortung der Mitgliedsstaaten und der Gemeinschaft betont.

Innerhalb dieses Konzepts wird auch die Rolle sozialer Dienstleistungen interpretiert. Für diese gilt:

> „Für Gemeinwohlleistungen im Bereich des Sozialschutzes und der Wohlfahrt sind die zentralen oder regionalen Behörden der Mitgliedsstaaten zuständig. [...] Sobald eine derartige Einrichtung jedoch bei der Erfüllung eines Gemeinwohlauftrages wirtschaftliche Tätigkeiten aufnimmt, sind hierauf die gemeinschaftsrechtlichen Vorschriften [...] anzuwenden" (KOM 2000, 28; 14).

Hier wird ein zentrales Problem auf europäischer Ebene angesprochen: Wer ist für die Gestaltung der Rahmenbedingungen zuständig? Die KOM zeigt hier einen eindeutigen Weg, indem sie vom Charakter der Dienstleistung ausgeht:

„Was die Unterscheidung zwischen Leistungen wirtschaftlichen Charakters und Leistungen nichtwirtschaftlichen Charakters angeht, so gilt jede Tätigkeit, die darin besteht, Güter oder Dienstleistungen auf einem bestimmten Markt anzubieten, als wirtschaftliche Tätigkeit. Wirtschaftliche und nichtwirtschaftliche Dienstleistungen können demnach in ein und demselben Sektor nebeneinander her bestehen und mitunter sogar von ein und derselben Einrichtung erbracht werden. Hinzu kommt, dass es vielleicht keinen Markt für die Erbringung bestimmter Dienstleistungen von allgemeinem Interesse geben mag, aber dennoch ein vorgelagerter Markt existieren kann, auf dem Unternehmen mit staatlichen Stellen Verträge über die Erbringung solcher Leistungen schließen. Auf solchen vorgelagerten Märkten finden die für den Binnenmarkt, den Wettbewerb und die staatlichen Beihilfen geltenden Regeln Anwendung" (KOM 2003, 17).

Die Konsequenz dieser Überlegungen wäre für den Fall, dass Dienstleistungen von Wohlfahrtsverbänden als wirtschaftlich definiert werden müssten, recht einfach:

„In einem auf die Grundsätze von Markt und Wettbewerb entsprechend den bisherigen Vorgaben des europäischen Wettbewerbsrechts angelegten Binnenmarkt ist kein Platz mehr für steuerrechtliche Gemeinnützigkeit oder für Bevorzugung der Zusammenarbeit mit Freiwilligen und Zivildienstleistenden. Denn was immer für das Einräumen solcher Vorteile sprechen könnte, unter den Augen eines Europäischen Binnenmarktes kann das eigentliche [sic!] keine Gnade finden" (Herrmann 2005, 113).

Rechtsunsicherheit über den Status der Wohlfahrtsverbände

Mit dem Konzept der Daseinsvorsorge hat die KOM ihre ursprüngliche Auffassung der „Economie Sociale" aufgegeben, die, wie bereits beschrieben, generell alle Organisationen, die soziale Dienstleistungen herstellen, als wirtschaftlich operierend betrachtet und damit unter das Gemeinschaftsrecht fallen lässt. Nunmehr vertritt die KOM einen „funktionalen Unternehmensbegriff": Unabhängig von der Betriebsform geht es um die Art der Leistungen, die eine Organisation erbringt. Nicht die Rechtsform oder das Selbstverständnis des Trägers sind also entscheidend, sondern sein faktisches Handeln im geschäftlichen Verkehr. Insofern ist auch ein kirchlicher Wohlfahrtsverband nicht davor gefeit, als rein wirtschaftlich operierender Träger unter das europäische Wettbewerbsrecht zu fallen (Lange 2001).

Im Protokoll des Europäischen Rats vom 17./18. Oktober 2007 ist zum ersten Mal von „nichtwirtschaftlichen Dienstleistungen von allgemeinem Interesse" die Rede. Es wird betont, dass es Zuständigkeit der Mitgliedsstaaten ist, diese Dienstleistungen zu erbringen, in Auftrag zu geben und zu organisieren, und dass die Bestimmungen der Verträge ihre Zuständigkeit in diesem Bereich in keiner Weise berühren. Auf diese Weise fallen die nichtwirtschaftlichen Dienstleistungen von allgemeinem Interesse auch weiterhin nicht unter die Bestimmungen zu Binnenmarkt, Wettbewerb und staatlichen Beihilfen.

Der Unterschied zwischen einer „wirtschaftlichen“ und einer „nichtwirtschaftlichen“ Dienstleistung wird jedoch nirgends definiert, weshalb nach wie vor die derzeitige Rechtsunsicherheit über den Status der Wohlfahrtsverbände fortbesteht (EWSA 2008b).

Doch schon jetzt ist es in der strategischen Perspektive notwendig, sich über die Auswirkungen einer möglichen Neuorientierung europäischer Sozialpolitik Gedanken zu machen. Nach Einschätzung vieler Experten dürfte die Trennung von wirtschaftlichen und nichtwirtschaftlichen Diensten enorme Folgen für die „Wohlfahrtslandschaft“ in Europa haben:

- Es wird zukünftig Dienste geben, die für ein „höheres Marktsegment“ erbracht werden; diese Dienste werden kommerziell angeboten und sind von hoher Qualität. Hier wird es Konkurrenz geben und vermutlich einen Wettbewerb um Zuzahlungen.
- Dienste im „unteren Marktsegment“ werden gemeinschaftlich bereitgestellt, sie werden abgedeckt werden durch staatliche Dienste oder freiwillige Organisationen. Da die hierfür bereitgestellten Ressourcen knapp bleiben werden, wird man von geringerer Qualität auszugehen haben. Konkurrierende Organisationen sind hier nicht zu erwarten (Herrmann 2005, 110).

Es wird eine verbandsstrategisch äußerst wichtige Frage sein, in welchem Segment sich ein Verband positioniert.

Dienstleistungsrichtlinie

Dass die aufgeworfene Frage schon jetzt keine akademische Angelegenheit ist, hat vor kurzem auch die Diskussion um die Dienstleistungsrichtlinie gezeigt. Die Bundesregierung schreibt dazu:

> „Die Richtlinie soll bürokratische Hindernisse abbauen, den grenzüberschreitenden Handel mit Dienstleistungen fördern und damit zur Verwirklichung des einheitlichen Binnenmarktes beitragen. Sie ist ein wichtiges Reformvorhaben bei der Umsetzung der Lissabon-Strategie. Die Verhandlungen zur Verabschiedung dieser Richtlinie waren kontrovers. Die Bundesregierung hat in diesem Prozess deutlich gemacht, dass die weitere Vollendung des Dienstleistungsbinnenmarktes für Deutschland von herausragendem volkswirtschaftlichem Interesse ist. Zugleich galt es allerdings auch sicherzustellen, dass die Mitgliedstaaten im Rahmen der allge-

meinen Grundsätze des EG-Vertrags auch weiterhin hohe Standards für die Sicherheit und Qualität von Dienstleistungen (zum Beispiel zum Schutz der Gesundheit, der Umwelt und der öffentlichen Sicherheit) durchsetzen können. Ein zentrales Thema in den Verhandlungen war für die Bundesregierung zudem, dass das Arbeits- und Entsenderecht durch die Richtlinie nicht berührt werden darf. Diese Anliegen konnten mit dem nun verabschiedeten Text erfolgreich durchgesetzt werden. Nach Zustimmung des Rates ist die Richtlinie Ende Dezember 2006 in Kraft getreten. Die Mitgliedstaaten haben nun bis zum 28. Dezember 2009 Zeit, die Richtlinie umzusetzen" (BMWI 2008).

Mit anderen Worten: Es ging bei dieser Richtlinie um Fragen der Gestaltung von Arbeitsverträgen, um Qualität von Dienstleistungen, um Niederlassungsfreiheit etc. – also Kernbereiche wohlfahrtsverbandlicher Fragestellungen:

„Ein Pflegedienst aus Tschechien, Polen oder Belgien dürfte nach diesem Prinzip seine Leistungen ohne Kontrollen der deutschen Behörden in Deutschland anbieten. Die Wohlfahrtsverbände und andere Anbieter von Gesundheitsdiensten in Deutschland befürchten eine Aufweichung der Qualitätsstandards und kritisieren den Vorschlag zum Teil heftig. Die AWO befürchtet nicht nur ein Dumping bei den Arbeitsbedingungen, sondern sieht in der Dienstleistungsrichtlinie auch eine massive Wettbewerbsverzerrung zum Nachteil der Klienten und Patienten" (Knäpper 2005, 1).

Umso wichtiger erschien es den Wohlfahrtsverbänden, dass innerhalb der EU-Dienstleistungsrichtlinie die besondere Stellung von sozialen Dienstleistungen der Wohlfahrtsverbände erhalten bleibt. Dies ist letztlich gelungen (Europäisches Parlament 2006).

4.2.3 Neue Rolle der Wohlfahrtsverbände im europäischen Sozialmodell

Die Frage, ob Freie Wohlfahrtsverbände als wirtschaftliche Dienste unter das Wettbewerbsrecht fallen oder als nichtwirtschaftlich operierende nicht, ist – wie gezeigt – nicht ohne Bedeutung. Privat-gewerbliche Träger in Deutschland beklagen sich seit langem über die Benachteiligung gegenüber den Wohlfahrtsverbänden. So steht in einer Pressemitteilung des Bundesverbands der privaten Pflegeanbieter zu lesen: „[Wir] brauchen Chancengleichheit bei den 1-Euro-Jobs. Wenn nur Wohlfahrtsverbände bei der Schaffung solcher Arbeitsgelegenheiten berücksichtigt werden, ist das eine Wettbewerbsverzerrung […]" (BPA 2004).

Unter Berufung auf europäisches Wettbewerbsrecht könnten private Träger mit Hilfe eines ausländischen Trägers eine Beschwerde bei der Kommission lancieren, um diese für sie ungünstige Bevorzugung frei-gemeinnütziger Träger zu Fall zu bringen. Sie könnten argumentieren, eine für Wohlfahrtsverbände vorteilhafte Regelung in Deutschland verzerre den Wettbewerb. Beihilfen des Staates könnten so sehr schnell als verbotene Subventionen gewertet werden, ebenso wie die Regelungen der Gemeinnützigkeit (z. B. steuerbegünstigte Spenden) als verbotene Subvention zu gelten hätten.

Mehrwert der Leistungen von Wohlfahrtsverbänden

Damit aber entsteht für die Wohlfahrtsverbände ein neues Problem: Wie können sie nachweisen, dass ihre Leistungen etwas qualitativ anderes sind als marktgängige Dienstleistungen privater Anbieter? Was ist der „Mehrwert" einer Leistung eines Wohlfahrtsverbands im Unterschied zu einem kommerziellen Anbieter? Der ehemalige Präsident des Diakonischen Werkes beschreibt dieses Problem folgendermaßen:

> „[...] war das große Problem, dass unsere Beraterinnen und Berater gesagt haben, das, was wir ganzheitlich machen, das können wir überhaupt nicht beschreiben. Diesen Mehrwert, den können wir überhaupt nicht definieren. Und dokumentieren können wir das sowieso nicht. Das ist die Veränderung der Situation, in der wir drin stehen. [...] wir müssen es künftig nachweisen, wenn wir im europäischen Wettbewerb überhaupt eine Chance haben wollen" (Gohde 2001a, 89f).

Richtungweisend könnte auch eine Initiativstellungnahme des Europäischen Wirtschafts- und Sozialausschusses sein, die am 19. Januar 2006 unter dem Titel „Sozialer Zusammenhalt: Ein europäisches Sozialmodell mit Inhalt füllen" beschlossen wurde. Dort heißt es:

> „In engem Zusammenhang mit dem öffentlichen Sektor steht die Schaffung sozialwirtschaftlicher Organisationen in einer Reihe von EU-Mitgliedstaaten. Der Sozialwirtschaft kommt eine doppelte Funktion zu: sie erfüllt wesentliche Aufgaben, insbesondere im Pflege- und Fürsorgesektor, während sie gleichzeitig Bürgern, die in der normalen Arbeitswelt nur schwer Fuß fassen können, wie Menschen mit Behinderungen, Arbeit bietet. [...] Die Sozialwirtschaft spielt eine wesentliche Rolle bei der Bekämpfung der Armut" (EWSA 2006).

Strategisches Dilemma

Die Wohlfahrtsverbände könnten ihre Rolle als Akteur im europäischen Sozialmodell so definieren, dass sie teilhaben an dessen Kernelementen: zum einen als Produzent hochwertiger sozialer Dienstleistungen, andererseits dazu beizutragen, den sozialen Zusammenhalt und die soziale Gerechtigkeit zu fördern. Rein idealtypisch wäre es also die beste Strategie, die „doppelte Funktion“ in der Balance zwischen diesen beiden Polen zu halten. Dabei geraten Wohlfahrtsverbände in Deutschland, die ihre Spezifika bewahren wollen, in eine strategische Dilemmasituation: Auf der einen Seite werden sie durch gesetzliche Vorgaben gezwungen, ihre Leistungen immer marktförmiger anzubieten. Dazu gehören die Qualitätsvereinbarungen, prospektive Pflegesätze und die Anbieterkonkurrenz. Darüber hinaus vertritt beispielsweise die Monopolkommission der Bundesregierung (1997) die Meinung, dass alle Unterschiede zwischen Wohlfahrtsverbänden und kommerziellen Anbietern abgebaut werden sollten (Monopolkommission 1997). Damit schwinden die Chancen, außerhalb von Märkten die Besonderheit der Dienste erhalten zu können. Marktförmigkeit wird zur Überlebensbedingung.

Andererseits wissen die Verbandsvertreter, dass sie aus dem Konzept der „Daseinsvorsorge“ herausfallen, je marktförmiger sie ihre personenbezogenen sozialen Dienstleistungen erbringen. Damit würden sie langfristig auch behandelt werden wie Wirtschaftsunternehmen.

Evers und Lange fassen die „Absurditäten des derzeitigen deutschen Systems“, wie sie es nennen, wie folgt zusammen:

> „Es ist ein offenes Geheimnis, dass eine besondere und eigenständige gemeinnützige Orientierung bei sehr vielen freien Trägern – insbesondere den großen Organisationen der verbandlichen Sozialwirtschaft – kaum nachweisbar ist. Die bloße Tätigkeit im Sozialbereich kann nicht als gemeinnützig ausgegeben werden, denn dieses Kriterium erfüllen ja auch viele kommerzielle Träger. Der ‚Eigenbeitrag‘ freier Träger (Kirchensteuern, freiwilliges Engagement etc.) ist vielfach verschwunden bzw. unbedeutend geworden; staatliche Finanzmittel sind längst nicht mehr ‚Beihilfe‘ und ‚subsidiär‘. Sondern primäres Fundament und vorrangiger Gestaltungsfaktor für die Entwicklung der meisten Einrichtungen in freier Trägerschaft. Wo aber der Vorteil eines solchen Eigenbeitrages freier Träger und einer erkennbar höheren Effizienz entfällt und die öffentliche Hand es ohnehin bevorzugt, ohne Einmischung anderer soziale Aufgaben selbst zu definieren […], haben sich kommerzielle Dienstleister […] oft als die angemessenere Lösung erwiesen“ (Evers/Lange 2005, 175).

4.2.4 Mögliche Konsequenzen

Ohne auf dieses Dilemma eine abschließende Antwort geben zu können, seien doch einige Überlegungen angeführt:

Wohlfahrtsverbände werden unter europäischen Vorzeichen wohl nur dann in ihrer derzeitigen Verfasstheit überleben, wenn sie klar die Leistungen zu bestimmen in der Lage sind, die über die Angebote privat-gewerblicher Anbieter hinausgehen. Nur so werden sie als etwas qualitativ „anderes" als kommerzielle Anbieter wahrgenommen. Damit werden sie unter den Schutz des nationalen Gesetzgebers gestellt, der spezielle Regelungen erlassen kann (Gemeinnützigkeit, Beihilfen). Dies hilft diesen Anbietern, die Nachteile auszugleichen, die sie erleiden, wenn sie ihre Dienste nicht-zahlungskräftigen Menschen zur Verfügung stellen. Dieses am Gemeinwohl orientierte „Mehr" gegenüber privat-gewerblichen Trägern kann z. B. die Mobilisierung gesellschaftlicher Solidarität in Form von Ehrenamtlichen und Spenden sein. Es kann auch darin bestehen, sich bestimmter Randgruppen in der Gesellschaft anzunehmen. Dagegen werden sich Träger, die solche über das Angebot privat-gewerblicher Anbieter hinausgehende Leistungen nicht erbringen, darauf einstellen müssen, auch wie privat-gewerbliche Anbieter sozialer Dienste behandelt zu werden. Dies hätte unweigerlich das Ende ihrer bisherigen Privilegierung zur Folge.

Gemeinwohl-orientierter Mehrwert

Als Hilfestellung für die Charakterisierung von gemeinwohlorientierten Leistungen schlägt Schulte folgende Merkmale vor:

Gemeinwohl-orientierte Leistungen

- Grundversorgung in abgelegenen und unzugänglichen Gegenden
- Festlegung von Mindestanforderungen an die Qualität und materielle Sicherheit der Leistungen
- Orientierung an den Bedürfnissen bestimmter Bevölkerungsgruppen (z. B. Bezieher niedriger Einkommen)
- Hohe Partizipation der Nutzer (Schulte 2002, 55)

Nimmt ein Wohlfahrtsverband diese Kriterien ernst, wird er nicht nur in europäischer Hinsicht Schutzrechte genießen, sondern auch seiner eigenen Wertorientierung gerecht. Durch das Verwirklichen seiner eigenen Werte kann er sich, davon sind Verbandsvertreter überzeugt, am deutlichsten vor der Gefahr retten, unter die totale Wettbewerbsperspektive zu fallen. Für Wohlfahrtsverbände ist die Gemeinwohlperspektive entscheidend. Dies drückt Jürgen Gohde aus, wenn er sagt:

> „Was heißt es zum Beispiel, wenn wir die Menschen, die in einem Altenheim oder in einem Krankenhaus sind, als Kunden, als Klienten oder als Bewohner bezeichnen? In jedem dieser Selbstverständnisse steckt ein spezifisches Menschenbild und damit ein Dienstleistungskonzept. [...] Wenn

wir über die Begegnungsqualität, die Nähequalität in diesem Prozess Konsens haben, dann müssen wir sie tatsächlich auch gestalten [...] Und deswegen ist es notwendig, im europäischen Kontext für eine Diakonie nicht für, sondern mit den Menschen einzutreten, und dabei genau zu wissen, dass das anwaltschaftliche Element, das Element der advocacy, das Eintreten für die Menschen, die keine eigene Stimme haben, notwendig und sachlich erforderlich bleibt" (Gohde 2001b, 62).

Europäische Positionierung zwingend

Aus all diesen Überlegungen wird ersichtlich, dass die europäische Debatte alles andere als nebensächlich für den Weiterbestand der sozialen Dienste ist. Insbesondere wenn die deutschen Wohlfahrtsverbände ihre traditionelle Stellung erhalten wollen, werden sie beherzigen müssen, was Jürgen Gohde immer wieder betont: „Ich denke, dass die soziale Arbeit der Diakonie, die soziale Arbeit der anderen Verbände, der freien Wohlfahrtspflege gegenwärtig und künftig nur noch als europäische Arbeit beschrieben werden kann" (Gohde 2001a, 49).

Um diese europäische Orientierung zu gewährleisten, wird die Relevanz dessen, was die Prognos AG schon 1991 den Wohlfahrtsverbänden ins Stammbuch geschrieben hat, immer deutlicher: „Europa muss Chefsache werden". Insbesondere ihre strategischen Empfehlungen sind nach wie vor von hoher Aktualität. Auf die derzeitige Situation übertragen, sind folgende Schritte sinnvoll:

- Aufbau intensiver Kontakte mit Stellen der europäischen Politik und Verwaltung
- Etablierung der „Europaarbeit" als ständige Aufgabe aller Verbandsorgane
- Systematische Analyse der eigenen Produkte hinsichtlich ihrer „Natur" (Marktorientierte Dienstleistung? Gemeinwohlorientierter Mehrwert?)
- Festlegen der eigenen Position zur Zukunft dieser Produkte in Bezug auf Wettbewerb und Gemeinwohlorientierung
- Öffentliche Debatte über Relevanz gemeinwohlorientierter Leistungen jenseits des Marktes (Prognos AG 1991)

5 Aktuelle Handlungs- und Problemfelder der Freien Wohlfahrtsverbände

In diesem Kapitel geht es um eine Auswahl von strategischen Handlungs- und Problemfeldern, die sich aus den vorigen Kapiteln ergeben. Dabei ist weniger an eine vollständige Auflistung gedacht als vielmehr an eine akzentuierte Darstellung aktueller Anforderungen aus wissenschaftlicher Sicht. Dabei ist erkenntnisleitend die im letzten Kapitel beschriebene „doppelte Funktion" der Wohlfahrtsverbände als Dienstleister und zivilgesellschaftlicher Akteur mit dem Ziel des sozialen Zusammenhalts. Wir gehen zunächst der zivilgesellschaftlichen Rolle nach, indem wir zwei traditionelle wohlfahrtsverbandliche Konzepte, „Anwaltschaft" für sozial Schwache und „Ehrenamtlichkeit" bzw. „bürgerschaftliches" oder „freiwilliges" Engagement, in den Mittelpunkt des Interesses stellen.

Im nächsten Schritt werden die ökonomischen Transformationsprozesse beschrieben, die, ausgehend von einer sich immer stärker unter fiskalischen Gesichtspunkten positionierenden Sozialpolitik, mehr und mehr auch die Wohlfahrtsverbände betreffen.

Eine vorläufige Zusammenfassung des sich aus dieser Gegenüberstellung ergebenden Spagats wird anhand eines konkreten Beispiels erläutert.

In einem letzten Teil geht es um eine zusammenfassende Bewertung der derzeitigen Situation von Wohlfahrtsverbänden.

5.1 Anwaltschaft und/oder Dienstleistung in Non-Profit-Organisationen?

Ziel sozialwirtschaftlicher Unternehmen ist – wie bereits aufgezeigt – die Produktion von Wohlfahrt. Jetzt geht es um Wohlfahrtsverbände als „Non-Profit-Organisations" (NPO) und ihre Ziele. Nach den gängigen Definitionen sind NPOs Organisationen, „die formell strukturiert, organisatorisch unabhängig vom

Staat und nicht gewinnorientiert sind, eigenständig verwaltet werden, sowie keine Zwangsverbände darstellen" (Zimmer/Priller 1999, 13). Das Hauptanliegen von Wohlfahrtsverbänden ist die Anwaltschaft für die, die keine Lobby haben, also für diejenigen, die aus welchen Gründen auch immer am Rand der Gesellschaft stehen. Es steht historisch gesehen am Anfang der Gründung der Wohlfahrtsorganisationen Europas, lange bevor sie ihre Leistungen professionalisierten und als Dienstleistung verkauften. Im Folgenden soll uns eine Charakterisierung des anwaltschaftlichen Anliegens von Wohlfahrtsverbänden auf den Kern ihres Selbstverständnisses führen. Darüber hinaus soll die Frage gestellt werden, ob das traditionelle Anliegen der Anwaltschaft mit dem Charakter eines wirtschaftlich orientierten Organisationszwecks vereinbar ist.

5.1.1 Begriff und Bedeutung

Definition Anwaltschaft

Der Terminus „Anwaltschaft" (englisch: „advocacy") gelangte über US-amerikanische Vermittlung in den europäischen Sprachraum. Ohne diese Rezeption im Einzelnen nachvollziehen zu können, sei hier eine Definition herausgegriffen, anhand derer die wesentlichen Inhalte von Advocacy nachgezeichnet werden können: „Advocacy is defined as the act or process of defending or promoting a cause and the subsequent pleading of the cause. The advocate himself serves as a partisan in a social conflict and uses his expertise exclusively to meet his client's interests" (Panitch 1974, 326).

Sozialanwaltschaftlicher Prozess

Im sozialanwaltschaftlichen Prozess geht es demnach um Folgendes:

- Ausgangspunkt ist zumeist ein Verteilungskonflikt: Innerhalb einer Gesellschaft streiten mehrere Gruppen um Ressourcen.
- Ein Teil der an diesem Prozess beteiligten Gruppen ist deutlich unterprivilegiert, d. h. diese Gruppen verfügen über weniger Potenzial, einen Verteilungskonflikt zu ihren Gunsten zu gewinnen.
- Dadurch geraten diese minderbemittelten Gruppen in Gefahr, marginalisiert zu werden.
- Um dies zu verhindern und um eine gerechte Verteilung zu gewährleisten, tritt eine andere, besser ausgestattete Gruppe oder Organisation für die Rechte der potenziell Unterlegenen

ein – auf freiwilliger Basis und ohne dafür bezahlt zu werden oder dazu verpflichtet zu sein. Ihre Motivation ist rein humanitärer Natur.

- Diese anwaltschaftlichen Organisationen nutzen ihre Möglichkeiten, z. B. ihr Wissen oder positives Image in der Öffentlichkeit, zur Einflussnahme und zum Erreichen dieser humanitären Ziele.

Ein Beispiel aus Großbritannien kann diese Funktion gut belegen: Als in den 1980er Jahren deutlich wurde, dass behinderte Menschen im öffentlichen Leben stark benachteiligt wurden, haben kirchliche und andere humanitär motivierte Gruppen dafür gekämpft, die Rechte Behinderter zu kodifizieren. Dies ist in den folgenden Jahren auch Schritt für Schritt verwirklicht worden.

5.1.2 Anwaltschaft – ein umstrittenes Konzept

Kritik am Konzept

Schon in den frühen 70er Jahren kommt es zu massiver Kritik am anwaltschaftlichen Konzept – insbesondere solcher Organisationen, die von professionellen Fachkräften getragen werden und nicht von Betroffenen selbst. Beispiele hierfür sind die Kritik an der Psychiatrie in Italien und Frankreich. Besonders von Selbsthilfegruppen und Betroffenenverbänden wurde kritisiert, professionelle Organisationen würden mit ihrer anwaltschaftlichen Haltung die Betroffenen zu Objekten der Fürsorge degradieren. Richan fordert im Hinblick auf die Beziehung zwischen Professionellen und Betroffenen: „The [social] worker must not take away from the client his right, to help himself. […] This is a mutual relationship not a paternalistic one“ (Richan 1973, 223).

Auch im Deutschland der 80er Jahre geraten insbesondere Wohlfahrtsverbände durch Selbsthilfegruppen und Betroffenenverbände unter Druck. Unter dem Motto „Abschied vom Experten“ wird ihnen vorgeworfen, sich anzumaßen, die Interessen der sozial Schwachen ohne Mandat zu vertreten. Dass die Selbsthilfe- und bürgerschaftliche Bewegung zu einer Bedrohung für die Wohlfahrtsverbände geworden sind, erscheint auf den ersten Blick nicht verständlich: Sowohl wegen ihrer geschichtlichen Wurzeln als auch aufgrund ihrer derzeitigen e. V.-Strukturen mit ehrenamtlichen Vorständen müssten Wohlfahrtsverbände Selbsthilfegruppen, bürgerschaftliches Engagement und Laienengagement im sozialen Bereich unterstützen. Dass bis heute Selbsthilfe und freiwilliges Potenzial nicht im Mittelpunkt des Denkens und Handelns von vielen Wohlfahrtsverbänden in Deutschland stehen, hängt wiederum mit der Geschichte der Wohlfahrtsverbände zusammen: Sie haben aus ihrer (allerdings professionell begründeten) faktischen Monopolstellung für soziale Dienstleistungen und ihrem traditionellen Selbstverständnis die Berechtigung hergeleitet, anwaltlich tätig zu sein, d. h. als „Helfer und Anwalt“ der Betroffenen zu sprechen.

Monopolstellung der Wohlfahrtsverbände

Die Gründe, wie aus Organisationen, die entstanden sind, um – wie der Gründer des deutschen Caritasverbands es ausdrückte – „Dampf in den sozialen Maschinen“ zu sein, Gegner von Betroffenengruppen werden konnten, sind vielfältig. Sicher ist der Professionalisierungsprozess sozialer Berufe nicht ohne Auswirkungen auf das Verhältnis von Professionals zu ehrenamtlich Tätigen geblieben. Neumeier führt im Blick auf die Rolle der Arbeiterwohlfahrt Ende der 1980er Jahre aus:

> „Ein Hauptwiderspruch zwischen Arbeiterwohlfahrt und Selbsthilfe ist die Zugehörigkeit der Arbeiterwohlfahrt zur Gruppe der Sozialkonzerne. Die Wohlfahrtsverbände der Bundesrepublik haben seit Jahren den Wohlfahrtsmarkt, zwar nicht brüderlich, aber dennoch unter sich aufgeteilt. Dies manifestiert sich unter anderem in den Wegen der staatlichen Fördermittelvergabe, an die ohne Spitzenverbände nicht heranzukommen ist. Aber auch die Präsenz in zahllosen Gremien und Ausschüssen und vor allem die Beharrlichkeit, mit der dieser Monopolanspruch verteidigt wird, wecken zu Recht den Argwohn der Außenstehenden. So ist die Angst der Selbsthilfevertreter groß, daß sie von den Wohlfahrtsverbänden zu deren eigenem Wohl geschluckt werden sollen" (Neumeier 1990, 40).

Hinzu kommt das Bestreben des Sozialstaates, Hilfebedürftigen rechtsverbindliche Versprechen zu geben. Dies hat die professionelle Arbeit stark befördert, die ehrenamtliche aber zurückgedrängt.

5.1.3 Anwaltschaftliche Orientierung als „Sinn" von Non-Profit-Organisationen

Warum muss es Wohlfahrtsverbände eigentlich geben? In einem zusammenwachsenden Europa muss sich das deutsche „Modell“ der Wohlfahrtsverbände nicht in erster Linie als nicht gewinn-, sondern gemeinwohlorientiert legitimieren, weil es immer mehr in den Verdacht gerät, unter dem Deckmantel der Gemeinnützigkeit wirtschaftliche Interessen zu verfolgen.

Legitimation der Wohlfahrtsverbände

Man könnte sich also fragen, was eine NPO von einem Wirtschaftsunternehmen unterscheidet, wenn schon auf der Ebene der Dienstleistungen kaum Unterschiede auszumachen sind. Mit anderen Worten: Die Idee, Wohlfahrtsverbände auf nationaler oder europäischer Ebene als Akteure zu etablieren, bedarf eines sie legitimierenden „Sinns“. In dem Maße, in dem es eine gemeinsame europäische Sozialpolitik und Sozialordnung gibt, steht die Konstruktion sozialer Dienste als Wohlfahrtsverbände auf dem Prüfstand und muss sich inhaltlich begründen.

Anwaltschaft als Unterscheidungsmerkmal

Unter den Gründen, aus denen Wohlfahrtsverbände ihre Legitimation beziehen, nimmt die Anwaltschaft eine bevorzugte Stellung ein. Wohlfahrtsverbände betrachten es als ihre „Mission“, für sozial Schwächere einzutreten – ein Auftrag, der weder von marktwirtschaftlichen Organisationen noch von staatlicher Bürokratie verwirklicht werden kann. Anwaltschaft gilt als das wesentliche Unterscheidungsmerkmal von Wohlfahrtsverbänden zu anderen Typen marktwirtschaftlicher oder staatsorientierter Versorger. Für alle Wohlfahrtsverbände gleichermaßen gilt also, was Pabst für die deutschen Wohlfahrtsverbände schreibt:

> „Schließlich sind Wohlfahrtsverbände ‚Weltanschauungsverbände‘, also organisationssoziologisch ausgedrückt Organisationen mit einer ‚Mission‘, die bestimmten normativen Vorstellungen und Traditionen [...] verpflichtet sind. Darin unterscheiden sie sich sowohl von öffentlichen als auch von privatgewerblichen Anbietern sozialer Dienstleistungen. Die Verbände verbindet aufgrund der in den Satzungen fixierten Leitideen der Anspruch, sozialanwaltschaftlich die Interessen derjenigen benachteiligten Bevölkerungsgruppen zu vertreten, die ihre Interessen nicht selbst artikulieren (können)“ (Pabst et al. 1996, 17).

5.1.4 Anwaltschaftlichkeit versus Unternehmenscharakter

In besonderer Weise sind diejenigen Wohlfahrtsverbände herausgefordert, die neben ihrem anwaltschaftlichen Anspruch auch Produzenten sozialer Dienstleistungen sind. Mit der im europäischen Kontext häufig vertretenen Auffassung der „Economie Sociale“, d. h. der Vorstellung, alle sozialen Dienstleistungen seien wirtschaftlicher Natur, stellt sich für die Wohlfahrtsverbände eine klare Anforderung: Sie müssen in Zukunft beweisen, dass es einen „sozialen Mehrwert“ in ihren Leistungen gibt, dass sie eben etwas anderes sind als x-beliebige private Anbieter.

Die entscheidende Frage für die sozialwirtschaftlich tätigen Wohlfahrtsverbände ist nämlich, wie sich das anwaltschaftliche

Anliegen mit dem Unternehmenscharakter verträgt. Hier tun sich Zielkonflikte auf:

Zielkonflikte

Erstens sind Wohlfahrtsverbände sehr häufig nicht nur auf Märkten tätig, sondern sie führen bestimmte Dienstleistungen im Auftrag der Kommunen, des Staates oder halbstaatlicher Organisationen aus (z. B. Obdachlosenbetreuung). Gegenüber politisch Verantwortlichen eine anwaltschaftliche Vertretung einzunehmen, könnte Probleme mit diesen nach sich ziehen. Es könnte dann sein, dass diejenige NPO, die zu stark die Interessen der Klienten vertritt, bei der Auftragsvergabe im gesamten Spektrum staatlicher Leistungen weniger berücksichtigt wird.

Ein weiterer Zielkonflikt könnte auch im ungeklärten verbandlichen Selbstverständnis liegen. Hier könnte traditionelles und wirtschaftliches Denken in Konflikt geraten. So können Konfliktlinien zwischen Verfechtern eines eher sozialpolitisch orientierten Organisationsbildes und den Verfechtern wirtschaftlicher Zwänge auftreten, wenn es um die Anwaltschaft für Unterprivilegierte geht. Hier kann es zu Konflikten um die Prioritäten der Tätigkeitsfelder kommen, in die investiert werden soll, obwohl (oder gerade weil) sie unter Marktgesichtspunkten unrentabel sind.

Ein dritter möglicher Konflikt zwischen Anwaltschaft und sozialwirtschaftlichem Anliegen liegt in der Glaubwürdigkeit, die ein Sozialanwalt gegenüber seinen Klienten haben muss, um wirksam dessen Interessen bei Entscheidungsträgern anmahnen zu können. Es kann der Fall eintreten, dass aus betriebswirtschaftlichen Gründen eine Rationierung sozialer Leistungen für genau die Klientel notwendig ist, für die einzutreten man öffentlich verkündet. Dies kann dem Image als Anwalt für Unterprivilegierte erheblich schaden.

Ein letzter hier relevanter Zielkonflikt könnte zwischen anwaltschaftlichen Wertvorstellungen und möglicherweise notwendigem wirtschaftlichen Konkurrenzverhalten bestehen. Wenn also z. B., um das Überleben eines Wohlfahrtsverbands im Wettbewerb langfristig zu sichern, betriebswirtschaftliche Themen wie Kosteneffizienz oder Qualitätsmanagement in den Vordergrund treten, entsteht nicht selten bei den eigenen Mitarbeiterinnen und Mitarbeitern, den Nachfragern sozialer Dienste und in der Öffentlichkeit schnell der Eindruck, der Grundpfeiler Gemeinwohlorientierung würde gänzlich aufgegeben. Dies könnte die gesellschaftliche Akzeptanz deutlich schmälern. Darauf, dass dieser Imageverlust auch wirtschaftliche Folgen haben könnte, weist die damalige Bundesministerin Bergmann hin. Sie sagte bei einer Tagung zur Rolle von Wohlfahrtsverbänden in einem vereinten Europa Folgendes:

„Sie [die Wertvorstellungen] stellen daher einen Wettbewerbsvorteil gegenüber vielen privaten Anbietern sozialer Dienstleistungen dar, den es zu bewahren gilt. Eine von den bisherigen Wertvorstellungen losgelöste reine Gewinnorientierung würde es den Wohlfahrtsverbänden sehr erschweren, weiterhin freiwillige private Hilfsleistungen in Form von Spenden und ehrenamtlicher Tätigkeit zu erschließen. Und die freie Wohlfahrtspflege verlöre zudem ihre Legitimation als sozialpolitischer Interessenvertreter" (Bergmann 1999, 10).

5.1.5 Unterschiedliche Bedeutung von Anwaltschaft im europäischen Sozialmodell

Der Aspekt der Anwaltschaft ist beim Zusammenwachsen Europas für die deutschen Organisationen Sozialer Arbeit von großer Bedeutung. Auch hier stellt sich die Anforderung, die Doppelrolle als Dienstleister und Anwalt miteinander zu vereinbaren. Hinzu kommt, dass sie als Dienstleister Arbeitgeber sind und damit einerseits in einer Unternehmerrolle, andererseits in der Rolle der Vertretung von sozial schwachen Beschäftigten, beispielsweise von Arbeitern im Niedriglohnsektor. Petra Stubenrauch, Vertreterin der Caritas in Brüssel, beschreibt das Problem wie folgt:

Doppelrolle der Wohlfahrtsverbände

„Die Verbände sehen sich zunehmend in der Schwierigkeit, die sozialethischen Ansprüche an ihre Gemeinnützigkeit bei gleichzeitiger Rentabilität ihrer Organisation aufrechtzuerhalten. Sie sollen eine angemessene Sozialversorgung garantieren, müssen aber zugleich wirtschaftlich profitabel agieren, um ihr gemeinnütziges Funktionieren gewährleisten zu können. Angesichts der kontraproduktiven Wirkung einer rigorosen Marktwirtschaft, die momentan überall spürbar ist, muß überlegt werden, ob eine zu intensive Orientierung an den Grundsätzen der Rentabilität tatsächlich angezeigt ist. Die NGOs (Non Governmental Organizations) werden dank ihrer steigenden politischen Präsenz immer mehr zu Sozialpartnern, die aufgrund ihrer Erfahrungen die Belange und Nöte der Bürger formulieren und vertreten können. In einer Bürgergesellschaft sind sie wichtige ‚Provider', auf die nicht verzichtet werden kann. Sie bieten Strukturen, die die traditionellen Formen des Zusammenlebens, wie den Familienverband, ergänzen oder gar ersetzen müssen. Durch ihre Organisation stellen sie ein soziales Netz, das eine relativ schnelle und flexible Versorgung zuläßt" (Stubenrauch 1999).

Anwaltschaft im nordischen Modell

Auch im nordischen Modell ist Anwaltschaft ein zentraler Aspekt sozialer Organisationen. So bezeichnen es die schwedischen NPOs als ihre Hauptaufgabe, ihre Klientel anwaltschaftlich im Sinne einer gerechten Berücksichtigung von deren Interessen zu vertreten. Im Gegensatz zu Deutschland entsteht für die schwedischen NPOs hier jedoch kein Zielkonflikt. Der Grund: Sie stehen dabei den dezentralen öffentlich organisierten Einrichtungen gegenüber, die die Dienstleistungen anbieten. Damit können sich die schwedischen NPOs allein auf die Interessenswahrung ihrer Klientel konzentrieren, ohne dass ihnen eigene unternehmerische Interessen im Wege stünden.

Anwaltschaft im angelsächsischen Modell

In Großbritannien, als typischem Vertreter des angelsächsischen Marktmodells, haben die sozialen Organisationen nicht den Anwaltschaftscharakter wie in Deutschland oder Schweden. Vielmehr sind im angelsächsischen Kontext Freiwilligenorganisationen zu nennen, die aus innerer ethischer Motivation die Lücken des marktorientierten englischen Wohlfahrtsstaates füllen wollen. Dieses Modell speist sich weniger aus dem Engagement der großen sozialen Organisationen wie den Kirchen, sondern eher aus einem Bürgersinn. Die Wohlhabenderen fühlen sich motiviert, die Armen zu unterstützen. Daher ist ihre Rolle eher eine lückenfüllende als die einer sozialwirtschaftlich relevanten Basisversorgung. Allerdings ist in den letzten 20 Jahren festzustellen, dass der britische Wohlfahrtsstaat zunehmend auf die Dienste dieser Charities zurückgreift und versucht, mit ihnen mehr Verträge abzuschließen.

Insofern könnten diese Dienste, die ehemals Advocacy-Funktion übernommen haben, bald die Probleme bekommen, die die deutschen Wohlfahrtsverbände bereits haben: einen Zielkonflikt zwischen anwaltschaftlichem und wirtschaftlichem Handeln.

5.2 Wohlfahrtsverbände als „Gemeinwohl-Agenturen"

Aktivierung von Freiwilligen

Ein wesentlicher Aspekt der „Wertorientierung" soll an dieser Stelle erörtert werden: der Beitrag der Wohlfahrtsverbände zum Gemeinwohl durch Aufbau und Ausbau des freiwilligen sozialen Engagements. Konkret geht es um Selbsthilfegruppen, Nachbarschaftshilfe, Laienhilfe, ehrenamtliche Hilfe, bürgerschaftliches Engagement. Die Spitzenverbände der Freien Wohlfahrtspflege sehen sich als „Sammelpunkte dieses Engagements"; durch ihre Organisationsformen unterstützen sie diese Selbsthilfekräfte

(BAGFW 2006b). Dass sie dies tun und tun müssen, entspricht zum einen ihrem eigenen Selbstverständnis und ist zum anderen eingebettet in die Strategie des „aktivierenden Sozialstaats".

Empowerment auf europäischer Ebene

In ihrer Außendarstellung auf europäischer Ebene betonen Wohlfahrtsverbände die Aktivierung von Freiwilligen als Bedingung für eine glaubwürdige anwaltschaftliche Vertretung sozial Schwacher, wenn auch ihr faktisches Handeln dem nicht immer entspricht. So haben viele Wohlfahrtsverbände quer durch alle europäischen Staaten – angefangen vom Deutschen Caritasverband über das „Centro Nazionale per il Volontario" aus Italien bis hin zum „Volunteering Ireland" – das „European Volunteer Center (CEV)" gegründet, um die Ideale von Demokratie, Partizipation und Empowerment auf europäischer Ebene zu fördern. CEV zeigt sich in seiner Selbstdarstellung durchaus selbstbewusst:

- „Freiwillige engagieren sich in den unterschiedlichsten Bereichen, wie z. B. in Bildung und Erziehung, sie bieten soziale Dienstleistungen an, engagieren sich in Nachbarschaftshilfe, ‚Selbsthilfegruppen', in der Interessensvertretung und im Lobbying, führen Kampagnen durch und setzen sich für die Umwelt und die Gemeinschaft ein.
- Freiwilliges Engagement ist ein Mittel für die soziale Eingliederung und Integration von Menschen. Es trägt zum Zusammenhalt der Gesellschaft bei, da es Vertrauen und Solidarität fördert und somit Sozialkapital schafft [...].
- Freiwillige sind wichtig für die Umsetzung von EU-Politik, beispielsweise im Rahmen von Maßnahmen zur sozialen Eingliederung oder in der Entwicklungshilfe.
- Freiwilliges Engagement ist ein Mittel, eine aktive und verantwortungsvolle Bürgerschaft zu fördern, die ein zentraler Bestandteil europäischer Ideale und Werte wie Demokratie, Solidarität und Mitwirkung ist.
- Es ist ein wirkungsvolles Mittel der Aussöhnung und des Wiederaufbaus in gespaltenen Gesellschaften.
- Durch freiwilliges Engagement erlangen Menschen neue Kenntnisse und Fertigkeiten wie Führungsqualitäten, Kommunikations- und Organisationsgeschick und wenden diese praktisch an. Sie erweitern ihr soziales Netz und finden später häufig bezahlte Arbeit" (European Volunteer Center 2006, 37).

Für deutsche Wohlfahrtsverbände, die ihre Rolle zunehmend als professioneller Dienstleister sehen, erscheint die Selbsthilfe- und Freiwilligenbewegung, die sich auf europäischer Ebene wirksam formiert, durchaus als eine Herausforderung, schickt diese sich doch an, das Wertevakuum zu füllen, das Wohlfahrtsverbände offenkundig immer öfter hinterlassen.

5.2.1 Die Debatte um das „bürgerschaftliche Engagement"

Neuverteilung von Rechten und Pflichten von Bürgern

Aus einer ursprünglich unter Kostenargumenten geführten Debatte („schlanker Staat") ist eine politische Debatte um das „bürgerschaftliche Engagement" geworden. Sie hat die Neuverteilung der Rechte und Pflichten von Bürgern als zentrales Thema entdeckt. Es ist nicht zufällig, dass diese Debatte im Rahmen einer Neudefinition des Sozialstaates (Stichwort „aktivierender Sozialstaat") entsteht.

Die dazu vom Bundestag eingesetzte Enquete-Kommission zur „Zukunft des Bürgerschaftlichen Engagements" schrieb im Juni 2002 über die Begrifflichkeit:

> „[...] die Kennzeichnung ‚bürgerschaftlich' [ist] verknüpft mit der Betonung von bestimmten Motiven und Wirkungen wie etwa der Verantwortung für andere, dem Lernen von Gemeinschaftsfähigkeit oder dem Aktivwerden als Mitbürger. Bürgerschaftliches Engagement bleibt nicht allein der Mitwirkung in politischen Parteien und Verbänden und der Beteiligung in Organisationen mit sozialen und politischen Zielen vorbehalten. Es kann sich ebenso im Zusammenhang von Freizeit, Sport und Geselligkeit entwickeln. Die nach wie vor große Bedeutung des Ehrenamtes und die positiven Wirkungen einer reichen Vereins- und Initiativkultur für die Bürgerschaft insgesamt sind heute unbestritten" (Bundestag 2002, 6).

Die Kommission bestätigt ausdrücklich die unverzichtbare Rolle von Wohlfahrtsverbänden, die sich neben kleinen Vereinen und Initiativen „beteiligungsorientiert" verhalten. Deshalb fordert die Kommission:

> „Einrichtungen des Gesundheitswesens und der Freien Wohlfahrtspflege ebenso wie Kirchen und Gewerkschaften sollten das Engagement im Kernbereich ihrer Institution stärken. Bürgerschaftliches Engagement sollte ein systematischer Bestandteil der Organisationsentwicklung werden. Bei der Modernisierung von Organisationsstrukturen und insgesamt bei der Organisationsentwicklung sind vermehrt Möglichkeiten der Partizipation zu schaffen und kooperative Organisations- und Führungsstrukturen zu etablieren" (Bundestag 2002, 7).

Diese Forderung an die Wohlfahrtsverbände und andere Organisationen nach konkreten Strukturen der Engagementförderung zeigt gleichzeitig eine wichtige Erkenntnis auf: Freiwilliges Engagement, Selbsthilfe, ehrenamtliches Tun entstehen nicht von allein, sondern es braucht aktive Förderung durch das Gemeinwesen, das sich nicht im allgemeinen Anerkennen der Wichtigkeit dieses Engagements erschöpfen kann. Vielmehr sind auf kommunaler Ebene Engagement fördernde Strategien zu entwickeln, die in Infrastruktureinrichtungen wie Selbsthilfekontaktstellen, Seniorenbüros oder Freiwilligenagenturen münden können. Diese Einrichtungen bieten interessierten Bürgerinnen und Bürgern Information, Beratung und Vermittlung in ein Engagement. Sie beraten und unterstützen Organisationen und bemühen sich um eine intensive Öffentlichkeits- und Lobbyarbeit für bürgerschaftliches Engagement. An solchen Infrastrukturprojekten sollten sich die Wohlfahrtsverbände beteiligen (Klug 1997b).

Konkrete Strukturen der Engagementförderung

5.2.2 Ehrenamtlichkeit – Wurzeln und Wesen der Wohlfahrtsverbände

Ehrenamtliches Engagement und die verbandliche Wohlfahrtspflege waren seit den ersten Anfängen eng miteinander verknüpft. Bevor es einen Sozialstaat im engeren Sinne überhaupt gab, ja, bevor sich die beschriebenen Spitzenverbände der Freien Wohlfahrtspflege herausbilden konnten, entwickelte sich in der ersten Hälfte des 19. Jahrhunderts, insbesondere im konfessionellen Bereich, eine lokale Ehrenamtskultur. Sie war breit gefächert und umfasste das Engagement für die Armen und Notleidenden. „Das Volksleben ist gegliedert in bereichsspezifische, basisnahe Assoziationen, zusammengehalten vom einigenden Band des Glaubens […]. Der Staat verbleibt als soziale Gestaltungsmacht im Hintergrund" (Sachße 2003, 21).

Lokale Ehrenamtskultur

Es waren also die Vereine und Gruppen von Ehrenamtlichen, auf die im späten 19. und frühen 20. Jahrhundert die Wohlfahrtsverbände aufbauten. Sie taten zunächst nichts anderes, als für dieses freiwillige Engagement ein organisatorisches Dach zu schaffen. Erst damit konnte die verbreitete Vorstellung überwunden werden, die Phänomene der Massenarmut seien allein mit moralischer Forderung nach individueller karitativer Hilfe zu beseitigen. In der Folgezeit verlangten die Wohlfahrtsverbände inten-

Ehrenamtliche als Fundament der Wohlfahrtsverbände

sivere staatliche Intervention und gezielte sozialpolitische Maßnahmen, wie sie in der erst Ende des 19. Jahrhunderts entstandenen „Katholischen Soziallehre" theologisch begründet wurden (1891 veröffentlichte Papst Leo XIII. die erste Sozialenzyklika „Rerum Novarum"). Erst viel später wurden diese Forderungen Grundlage des sozialpolitischen Programms der (katholischen) Zentrums-Partei. Insofern war die ehrenamtliche Arbeit die „Wiege" der Wohlfahrtsverbände und prägte das soziale Engagement beispielsweise der katholischen Kirche. Letztlich brachte sie auch die professionelle „Liebestätigkeit der Kirche" hervor.

Diese „Weltanschauungskulturen" waren schließlich das Spezifikum der Wohlfahrtsverbände. Sie stellten auch sicher, dass sich ihre Handlungen an bestimmten Grundüberzeugungen gemäß der im jeweiligen Milieu vertretenen Denk- und Handlungsweisen orientieren. „In sozialmoralischen Milieus [...] sind Werte, Normen und Traditionen vorhanden, die für die Mitglieder das Motiv zum Beitritt zur Organisation und der Unterstützung ideller Ziele der Verbände darstellen" (Pabst et al. 1996, 44).

Die Spitzenverbände der Freien Wohlfahrtspflege verstehen sich aktuell als „Gemeinwohl-Agenturen", „die ihre der Gemeinschaft dienenden Überzeugungen und Werthaltungen gestaltend einbringen und in diesem Zusammenhang sowohl Nöten vorbeugend tätig sind und/oder auch die jeweils größte Not zum Ausgangspunkt ihrer Aktivitäten machen" (BAGFW 2006b) wollen. Daher ist es notwendig, sich zu vergewissern, was eigentlich der „Sinn" und das Wesen eines Wohlfahrtsverbands ist (Klug 2007). Diese Frage lässt sich nicht klären, ohne die Stellung und die Einbindung Ehrenamtlicher in die verbandliche Arbeit und v. a. in die Entscheidungen zu erörtern.

5.2.3 Aktuelle Entwicklungen im Bereich der Ehrenamtlichkeit

Mit dem Ersten Weltkrieg und seinen sozialstrukturellen und sozialkulturellen Folgen und der Gründung der Weimarer Republik verlor Ehrenamtlichkeit als Grundlage der Wohlfahrtskultur allmählich an Bedeutung.

Professionalisierung sozialer Arbeit

Durch aktive sozialstaatliche Initiative der Weimarer Republik und der Etablierung einer umfassenden staatlichen Sozialpolitik hielt die Professionalisierung Sozialer Arbeit Einzug. Damit änderten sich auch die Rahmenbedingungen für die Freie

Wohlfahrtspflege grundlegend und führte zu der Entwicklung, die Ebertz wie folgt beschreibt:

> „Sozialstaatliche Planungen, Steuerungen und Reglementierungen haben erheblich dazu beigetragen, die potentiellen Spezifika einer caritativen bzw. diakonischen Organisationskultur aufzubrauchen, was sich nicht nur für den dominanten Leistungsbereich der beiden kirchlichen Wohlfahrtsverbände, die Gesundheitshilfe, beobachten läßt. Bei allen Vorteilen, gerade auch für die unteren sozialen Schichten, hat diese Entwicklung eben auch dazu geführt, daß die freie Wohlfahrtspflege im allgemeinen und die kirchlichen Träger insbesondere in den Bannkreis staatlicher Sozialpolitik gezogen wurden, von dieser ersten Organisationsgewalt des Sozial- und Gesundheitswesens inkorporiert wurden bzw. sich ihrerseits haben inkorporieren lassen" (Ebertz 1996, 40).

Inkorporation in staatliche Planung

Die „Inkorporation" der Wohlfahrtsverbände in staatliche Planungen und Versorgung führte zu dem von Esping-Andersen beschriebenen spezifisch „kontinentaleuropäischen" korporatistischen Modell. Für die uns interessierende Frage nach der Stellung der Ehrenamtlichen in den Wohlfahrtsverbänden ist die Professionalisierung der Sozialen Arbeit seit den 20er Jahren des letzten Jahrhunderts von entscheidender Bedeutung. Entgegen allen Bemühungen und Programmsätzen konnten die Wohlfahrtsverbände nämlich nicht von einer allgemein feststellbaren Zunahme der Bereitschaft zum Ehrenamt profitieren (BMFSFJ 1998, 27). Vielmehr hat sich in der Freien Wohlfahrtspflege das Verhältnis von ehrenamtlich Tätigen zu Einwohnern sogar verringert. Die Gründe vermuten Ottnad et al. im „Professionalisierungstrend" innerhalb der Wohlfahrtsverbände:

> „So finden sich innerhalb der Verbände immer wieder Vorbehalte hinsichtlich der ‚mangelnden Planbarkeit von Leistungen' der Ehrenamtlichen, die häufig als ‚Laienarbeiter' qualifiziert werden. Aus Sicht der Verbände verbindet sich ehrenamtliches Engagement vorrangig mit Begriffen wie ‚Tradition' und ‚Mitarbeiterentlassung' und weniger mit fachlicher Kompetenz. Dies begünstigt die Tendenz, freiwilliges Engagement durch professionelle Arbeit zu ersetzen" (Ottnad et al. 2000, 54f).

Rückgang ehrenamtlichen Engagements

Diese Entwicklung kann den Wohlfahrtsverbänden nicht gleichgültig sein: Mit dem Ehrenamt schwindet eine ihrer Stärken im marktwirtschaftlichen Wettbewerb. Ihre „Ressource Solidarität" zeigt sich in Form von Zeit- und Geldspenden der Bürger und ist u. a. nötig, um den Ausfall von staatlichen Zuschüssen und fehlenden Eigenmitteln zu kompensieren. Sie ermöglicht aber auch ein Engagement, das über das potenzieller Konkurrenten hinausgehen könnte (z.B. Besuchsdienst bei Kranken, Sterbebegleitung usw.). Dass diese Ressource auch von enormer volkswirtschaftlicher Bedeutung ist, zeigt eine kleine Studie der Katholischen Stiftungsfachhochschule München: Setzt man den Stundenlohn eines Ehrenamtlichen auf ca. 8 Euro an, hätten 2007 allein die Würzburger Bürger ehrenamtliche Arbeit in der Größenordnung von 5,7 Millionen Euro geleistet (Bayerische Sozialnachrichten 2008, 16).

Gravierender noch ist jedoch der Verlust des „Propriums" eines Verbands durch das Schwinden der lebensweltlichen Bindung an eine sozialkulturelle Basis. Möglicherweise geht der Verband nach Professionalisierungsschüben und der ökonomischen Modernisierung äußerlich gestärkt in die Zukunft, allerdings bleibt die Frage nach seinem eigentlichen „Sinn" unbeantwortet.

Existenzgrund der Verbände

Was der eigentliche Existenzgrund der Verbände ist, wissen immer weniger Mitarbeiter und in der Folge auch Spender, Kirchengemeinden und sonstige stützende Milieus. Nach Meinung des Organisationswissenschaftlers Heller haben hier insbesondere die kirchlichen Verbände, die es vordergründig einfacher haben, eklatant versagt. Dies exemplifiziert Heller am Beispiel der kirchlichen Krankenhäuser: Außer „appellativ-moralisierenden Spiritualisierungen" wie „es muss wieder mehr gebetet werden" und anderen „hilflosen Reaktionen" (Kreuze in Krankenzimmern, Sinnsprüche in Gängen, Morgenandachten und Mittagsgebete) sei es nicht gelungen, ihre christlichen Spezifika im Sinne einer stringenten Organisationsethik zu verankern. Vielmehr zielt der moralische Appell

> „faktisch ausschließlich auf die Bewusstseinsänderung und die Haltung von einzelnen Personen und darauf, dass das akkumulierte Bewusstsein eine Organisation ändert. Nach allen Erkenntnissen der neueren System- und Organisationstheorie ist eher das Gegenteil zu erwarten" (Heller 2003, 260).

Offenbar ist die eine Wohlfahrtsorganisation prägende Kraft von Freiwilligen und Ehrenamtlichen nicht mehr spürbar.

Nicht zuletzt im Hinblick auf die europäische Einigung stellt sich die Frage nach dem Status der Wohlfahrtsverbände. In aller Deutlichkeit ergibt sich die Aufgabe der normativen und strategischen Neuausrichtung, wenn zwei der klassischen Wesens- und Identitätsmerkmale (Anwaltschaft und Ehrenamtlichkeit) ins Wanken geraten (Klug 2007).

5.3 Ökonomische Transformationsprozesse der Freien Wohlfahrtspflege

Ausgangspunkt unserer Überlegungen ist die mehrfach beschriebene „doppelte Funktion" der Wohlfahrtsverbände als Dienstleister und zivilgesellschaftlicher Akteur mit dem Ziel des sozialen Zusammenhalts. Wir sind zuvor bereits der zivilgesellschaftlichen Rolle nachgegangen, indem wir zwei traditionelle wohlfahrtsverbandliche Konzepte, „Anwaltschaft" für sozial Schwache und „Ehrenamtlichkeit", thematisiert haben. Dabei wurde schon andeutungsweise deutlich, welche Konflikte in der Kombination beider Funktionen stecken, wenn die Dienstleisterfunktion zur zivilgesellschaftlichen Funktion hinzutritt.

Verbetrieblichung

Insofern ist es folgerichtig, jetzt die ökonomischen Transformationsprozesse zu beschreiben.

Zwei Zitate belegen den Transformationsprozess der Wohlfahrtsverbände:

Zitat 1 (Geschäftsführer eines Wohlfahrtsverbands): „Konkurrenz – das Wort gibt es bei uns fast nicht" (zit. in: Klug 1997a, 131).
Zitat 2: „Sie [die Dienste der Caritas] bedienen sich der gängigen betriebswirtschaftlichen Instrumentarien, die von der Implementierung eines funktionsfähigen Rechnungswesens bis zur Entwicklung von detaillierten Marketing-Konzepten reichen" (Bangert/Roth 2007, 22).

Zwischen diesen beiden Zitaten liegen etwas mehr als zehn Jahre und sie zeigen die rasante Entwicklung zwischen Mitte der 1990er Jahre und der Gegenwart auf. Während der in Zitat 1 genannte Geschäftsführer eines großen Wohlfahrtsverbands noch nichts von Konkurrenz wissen will, spricht in Zitat 2 der Personal- und Finanzvorstand des DCV unbefangen davon, dass ein Wohlfahrtsverband mit den gleichen Instrumenten arbeitet wie die Wirtschaft.

Was mit der Gegenüberstellung beider Zitate ausgesagt werden soll, ist: In den zehn Jahren hat ein Transformationsprozess bei den Wohlfahrtsverbänden stattgefunden, der mit „Verbetrieblichung" beschrieben werden kann: Die Marktorientierung in der staatlichen Sozialpolitik findet ihre Entsprechung in der Angleichung der Instrumente von Wohlfahrtsverbänden an marktwirtschaftliche Unternehmen.

5.3.1 Veränderung der Rahmenbedingungen

Über 40 Jahre funktionierte in der Bundesrepublik das „korporatistische System“, dessen Ideengeschichte schon unter den sozialstaatlichen Regimen mit der Typologie von Esping-Andersen hinreichend beschrieben wurde („kontinentaleuropäisches Modell“). In der Wissenschaft wurde dieses Modell mit dem Begriff „Korporatismus“ belegt. So schrieb Heinze von „Neokorporatistischen Wohlfahrtskartellen“ (Heinze 1985, 196ff). Damit ist gemeint, dass sozialpolitische Entscheidungen meist nach vorab getroffenen Absprachen zwischen Wohlfahrtsverbänden und staatlichen Instanzen getroffen wurden. So wurde z. B. die Ausländerberatung unter den Verbänden aufgeteilt (alle Türken zu der AWO, die Italiener zur Caritas), die Kindertagesstätten sind häufig allein in der Hand konfessioneller Träger. Thiersch beschreibt das korporatistische System wie folgt:

Neokorporatistische Wohlfahrtskartelle

„Um Programme und Gelder auszuhandeln und abzusichern, bildet sich jener Verhandlungsstil aus, den man als neokorporatistisches Verhandlungskartell bezeichnet: Weil man aufeinander angewiesen ist, nimmt man Rücksicht; man spielt sich aufeinander ein, eigene querläufige Ansichten schleifen sich ab, es bildet und bestärkt sich ein Verhandlungsmanagement, vor allem Praktiker von der Basis bleiben außen vor. Indem so aber die internen Verhandlungsmöglichkeiten wichtig werden, schwächt sich die Pluralität in den Angeboten, und vor allem verliert sich die Offenheit zu den Bedürfnissen der Bürger“ (Thiersch 1990, 25).

Die Folgen von korporatistischer Einbindung der Wohlfahrtsverbände wurden von der Wissenschaft (z. B. Meyer 1999), aber auch von der Politik (Monopolkommission 1997) hart kritisiert: Mangelnde Pluralität des Leistungsangebots, mangelnde Koordination, unökonomische Ressourcenverschwendung seien an der Tagesordnung.

Ökonomisierung der Sozialpolitik

Mit dem Schlagwort „Ökonomisierung der Sozialpolitik“ wollte man die negativen Folgen des Korporatismus beseitigen. Seit ca. Anfang der 90er Jahre führt die Einsicht in die Reformbedürftigkeit des korporatistischen Sozialsystems zu einer politischen Neubewertung. Die neue Maxime des politischen Handelns lautet: Wir müssen einerseits die Ausgabensteigerungen kontrollieren und andererseits die „Effizienzreserven“ der Leistungserbringer ausschöpfen. Im Zuge dieser Entwicklung ist die öffentliche Hand darum bemüht, eine möglichst effiziente und kontrollierbare Leistungserbringung durch freigemeinnützige und privatgewerbliche Anbieter durchzusetzen. Aufschlussreich ist die inhaltliche Begründung des für die Reform der Pflegesätze federführenden Bundesministeriums aus den 1990er Jahren:

> „Er [gemeint ist der Einrichtungsträger] soll damit zu wirtschaftlichem und sparsamem Verhalten veranlaßt werden. Zwar galten bisher schon die Grundsätze der Wirtschaftlichkeit, Sparsamkeit und Leistungsfähigkeit. Es lag jedoch weitgehend in den Händen des Einrichtungsträgers, inwieweit er seine Einrichtung nach betriebswirtschaftlichen Gesichtspunkten führte. [...] Die Einrichtungen sollen angehalten werden, durch eine Ausschöpfung von Wirtschaftsreserven und durch eine effizientere Gestaltung der Hilfe die Leistungen kostengünstiger zu erbringen" (BMFSFJ 1994, 24).

Es war (und ist) der Pflegebereich, der Schrittmacher für die Ökonomisierung der Sozialpolitik ist. Deshalb soll die Veränderung der Rahmenbedingungen auch am Beispiel der Pflegeversicherung erläutert werden:

Mit der Pflegeversicherung hat der Gesetzgeber die Voraussetzungen für einen funktionierenden Anbieterwettbewerb geschaffen. So schreibt das Gesetz in § 11 Abs. 2 SGB XI vor: „Freigemeinnützige und private Träger haben Vorrang gegenüber öffentlichen Trägern." Während in der klassischen Formulierung des früheren Bundessozialhilfegesetzes (BSHG) lediglich Träger der Freien Wohlfahrtspflege als vorrangige Träger genannt wurden, sind im Pflegeversicherungsgesetz nun also auch privat-kommerzielle Träger hinein genommen. Diese Formulierung lässt darauf schließen, dass ein Wettbewerb der Leistungserbringer im Pflegesektor politisch gewollt ist. Gleichzeitig ist auch hier noch einmal – wie bisher auch – ausgedrückt, dass die öffentlichen Träger, also kommunale und staatliche Anbieter, nur subsidiär, also im Notfall, als Dienstleister auftreten sollen. Vorrang hat der Wettbewerb unter nicht staatlichen Anbietern. Der Staat beschränkt seine Rolle auf die Festlegung von Mindestrichtlinien, die er beispielsweise in § 71 Abs. 3 SGB XI bezüglich der Definition einer „ausgebildeten Pflegekraft" festlegt:

Wettbewerb politisch gewollt

> „(3) Für die Anerkennung als Pflegefachkraft [...] ist neben dem Abschluß einer Ausbildung als Krankenschwester oder Krankenpfleger, als Kinderkrankenschwester oder Kinderkrankenpfleger nach dem Krankenpflegegesetz oder als Altenpflegerin oder Altenpfleger nach Landesrecht eine praktische Berufserfahrung in dem erlernten Pflegeberuf von zwei Jahren innerhalb der letzten fünf Jahre erforderlich."

Sind diese Ansprüche erfüllt, steht einem Markteintritt eines Anbieters nichts mehr im Wege, ja, es besteht ein Zulassungsanspruch gegenüber der Pflegekasse. Folgerichtig wird das traditionell korporatistische Modell einer „Partnerschaft" zwischen öffentlicher und privater Fürsorge durch ein Marktmodell abgelöst. Zentrale Elemente dieser neuen, an ökonomischen Kategorien ausgerichteten Sozialpolitik sind neben dem schon erwähnten Anbieterwettbewerb:

- ökonomische Freiheit der Träger, aber auch Gefahr der Insolvenz
- Ausschreibungsverfahren bei der Vergabe von öffentlichen Aufträgen (z.B. § 421 Abs. 1 SGB III: Beauftragung von Trägern mit Eingliederungsmaßnahmen „nach einem wettbewerbsrechtlichen Vergabeverfahren")
- Einführung der Subjektfinanzierung statt der „Dreiecksfinanzierung" (z.B. Kita-Gutscheine)
- freie Wahl der „Geschäftsform" (gemeinnütziger e.V., Stiftung oder gewerbliche GmbH)

Sozialpolitik mit Markt

Hinter dieser Politik steht die Überzeugung, die Goldschmidt (2007, 64) mit dem Schlagwort „Sozialpolitik mit dem Markt" beschreibt – mit allen Folgen für die Träger:

Anders als in den Zeiten des Korporatismus fängt die Verluste keine staatliche Instanz auf, deshalb geht die Bedrohung der Existenz von Einrichtungen weiter: Der Deutsche Städte- und Gemeindebund warnt beispielsweise vor einem weiteren Kliniksterben. Die rund 600 kommunalen Krankenhäuser seien wegen ihrer schlechten Finanzausstattung im Bestand gefährdet, sagte Hauptgeschäftsführer Gerd Landsberg. Sparauflagen hätten zusammen mit steigenden Kosten dazu geführt, dass knapp 200 kommunale Kliniken „geschlossen, zusammengelegt oder veräußert werden mussten" (Tagesspiegel 2008).

Mit diesen politischen Veränderungen geht eine massive Kürzung der Zuwendungen an die Wohlfahrtsverbände einher. So beziffert der Berliner Caritas-Geschäftsführer Franz-Heinrich Fischler den Rückgang der staatlichen (und kirchlichen) Zuwendungen zwischen 1996 und 2004 auf fast 50 Prozent (Wittlich 2004, 45). Die Wohlfahrtsverbände sehen sich immer mehr in der Situation, das Geld für das eigene Überleben auf dem freien Markt erwirtschaften zu müssen.

Kein vollkommener Markt

Dabei muss an dieser Stelle betont werden, dass mit den liberal orientierten Maßnahmen nicht die volle Kompatibilität mit den Gesetzmäßigkeiten des „freien Marktes“ erreicht ist: So lange ein „Nachfragekartell“ in Form von monopolisierten Pflege- und Krankenkassen die Preise zentral aushandeln kann, dürfte wohl von marktwirtschaftlichen Bedingungen im vollen Sinne nicht die Rede sein. Auch vonseiten privater Anbieter wird deutlich Reformbedarf angemahnt. Im Zusammenhang mit dem Gemeinnützigkeitsprivileg der Wohlfahrtsverbände (z. B. steuerliche Abzugsfähigkeit von Spenden oder die Befreiung von der Gewerbesteuer) kritisiert der „Bundesverband privater Anbieter sozialer Dienste“ die Steuerprivilegien der Wohlfahrtsverbände:

> „Sowohl bei privaten wie bei den [wohlfahrtsverbandlichen] Trägern einer Pflegeeinrichtung ist der gemeinsame Nenner die Durchführung der Pflege alter, kranker und behinderter Menschen. Man muss sich vergegenwärtigen, dass die privilegierten Einrichtungen ebenso wie jedes privat organisierte Pflegeunternehmen am Markt positioniert sind und daher hier nicht vorrangig im Rahmen ihrer grundgesetzlich anerkannten Gemeinnützigkeit handeln. Die gemeinnützigen Träger gewähren keine Leistungen, die über das Leistungsspektrum privater Träger hinausgehen. Sofern gemeinnützige Träger der Altenpflege auch das bürgerschaftliche Engagement durch nebenberufliche Pflege und Betreuung fördern, haben sie die Möglichkeit, diesen Personen eine steuerfreie Entlohnung zu zahlen“ (BPA 2008).

Privileg der Gemeinnützigkeit bringt auch Nachteile

Neuerdings wird das Gemeinnützigkeitsprivileg auch von Führungskräften der Wohlfahrtsverbände selbst kritisiert. So bemängelt beispielsweise Niko Roth, Personal- und Finanzvorstand des Deutschen Caritasverbands, dass mit dem Gemeinnützigkeitsprivileg auch Nachteile verbunden seien, etwa das „Verbot von Ausschüttungen an Mitglieder oder Dritte“ (Bangert/Roth 2007, 24). Interessanterweise wird damit ein weiteres zentrales Merkmal der Identität der Wohlfahrtsverbände, auch der BAGFW selbst, infrage gestellt: das Verbot der Gewinnausschüttung, das Verbände von kommerziellen Anbietern unterscheidet und sie damit z. B. im europäischen Kontext vor der Einbeziehung in das europäische Wettbewerbsrecht schützen soll.

5.3.2 Ökonomische Transformation bei den Wohlfahrtsverbänden

Es ist aus den wenigen Beispielen nur allzu ersichtlich, welche radikalen politischen Veränderungen seit den 90er Jahren in den Rahmenbedingungen der Wohlfahrtsverbände stattgefunden haben. Wollen sie nicht ihre Existenz aufgeben, ist eine Reaktion auf diese Veränderungen unabdingbar. Damit wurde und wird ein Transformationsprozess in Gang gesetzt, dessen Auswirkung schon heute spürbar, dessen Ergebnis aber noch nicht absehbar ist.

Einige Beispiele aus den jüngsten Aktivitäten der Wohlfahrtsverbände sollen die Transformationsprozesse beschreiben:

Caritas-Verband

Soziale Märkte aktiv gestalten

Gegen große Widerstände innerhalb des Caritasverbands haben sich die großen Trägerorganisationen zur Arbeitsgruppe „Arbeitsgemeinschaft caritativer Unternehmen“ zusammengeschlossen, „[...] um als wettbewerbsfähige caritative Unternehmen die sozialen Märkte aktiv mitzugestalten und ihre Einrichtungen zu sichern“ (Mager 2003). Angestoßen wurde diese Entwicklung durch die Unzufriedenheit der großen wirtschaftlich operierenden Träger mit den im Verband einheitlich geregelten Arbeitsvertragsstrukturen. Ihrer Meinung nach müssen die „Vergütung, Arbeitszeit und sonstigen Arbeitsbedingungen [...] vereinfacht, transparenter und leistungsorientierter werden, um damit die Wettbewerbsfähigkeit der Einrichtungen zu verbessern und die Sicherheit der Arbeitsplätze zu erhöhen“ (Mager 2003).

Wie weit die ökonomische Transformation fortgeschritten ist, zeigt ein Blick in das Fachblatt des Deutschen Caritasverbands. So ist unter der Überschrift „Unternehmen der Caritas erwarten wirtschaftliche Probleme“ zu lesen:

> „Bei der Frage nach der Umsatzentwicklung der vergangenen und zukünftigen zwölf Monate ist eher Stagnation als Expansion abzuleiten. [...] Bestätigt werden die eher stagnativen Tendenzen durch die Rückmeldungen zur Investitionsplanung. Lediglich 26 Prozent der Teilnehmer beabsichtigen, ihre Investitionsausgaben zu erhöhen. [...] Ebenso wie bei der Geschäftslage gibt der weitaus größte Teil der Befragten (hier 75 Prozent) an, in den letzten zwölf Monaten über eine mindestens befriedigende Ertragslage verfügt zu haben" (Bangert/Barenbrügge 2007, 18).

Wenn Sprache etwas über das Denken verrät, ist offenkundig, welche Transformation in dem katholischen Caritasverband stattgefunden hat. Die Befragung der Caritas-„Unternehmen" liest sich wie der IFO-Geschäftsklimaindex und belegt das eingangs verwendete Zitat, dass die Dienste der Caritas sich der gängigen betriebswirtschaftlichen Instrumentarien bedienen (Bangert/Roth 2007, 22).

Implementierung betriebswirtschaftlicher Instrumente

Wirtschaftlich scheint sich dieser Kurs auszuzahlen: Trotz der radikalen Einschnitte in der Finanzierung, trotz der Notwendigkeit der Veränderung der Organisation, des Personals und vor allem des Denkens, trotz Rezession und Wirtschaftskrise: Der Caritas ist es nach einigen Aussagen gelungen, ihren Personalstand von 490.000 Mitarbeitern auf diesem Niveau zu stabilisieren (Kowalski 2006). Dass es – im Gegensatz zu nahezu jeder Branche – zu keinem Personalabbau bei der Caritas kam, hat vermutlich auch mit den wachsenden Bedarfen, z. B. durch die demographische Entwicklung, zu tun, sicherlich aber auch mit der ökonomischen Transformation des Verbands.

Es gibt allerdings auch eine andere Seite, die sich in einem Problem zeigt, das vor einigen Jahren bereits von Schwester Basina Kloos, Generalsekretärin der Vereinigung der Ordensoberinnen Deutschlands und gleichzeitig Aufsichtsratsvorsitzende eines großen Krankenhausträgers unter dem Dach der Caritas, beschrieben wurde:

> „Überblickt man die Caritas, muss man feststellen, dass ein Großteil der Caritasaufgaben aus marktfähigen Aufgaben besteht: Krankenhäuser, Altenheime, Behinderteneinrichtungen, um nur die großen Gruppen zu nennen. Für diese ist die Beibehaltung der Gemeinnützigkeit fraglich und soll auch im Interesse der nicht marktfähigen Aufgabenträger zur Erhaltung von deren Gemeinnützigkeit hinterfragt werden. Die Gemengelage zwischen marktfähigen und nicht marktfähigen Bereichen aufrechtzuerhalten, ist für die Träger gefährlich. [...] Für die Verbandsstruktur bedarf es einer verbandsorganisatorischen Trennung der Wahrnehmung der Anwaltsfunktion und der allgemeinen Sozialpolitik (‚Sozialverband', ‚Caritas I') auf der einen Seite von der Interessenvertretung für die sozialen Dienstleistungsunternehmen (‚Unternehmensverband', ‚Caritas II')" (Kloos 2001, 9f).

Die rasche Transformation der Caritas führt dazu, dass der Gesamtverband in einen ökonomisch gut und nach betriebswirtschaftlichen Maßstäben funktionierenden Teil und einen mit ökonomischen Maßstäben nicht vollständig „bewertbaren" Teil zerfällt: ein Teil, der Geld verdient, ein Teil, der naturgemäß (weil er sich mit den Verlierern der Gesellschaft beschäftigt) kein Geld verdient, sondern solches verbraucht. Das Problem, das dabei entsteht: Alle Dienste finden sich unter einem organisatorischen Dach.

Arbeiterwohlfahrt

Verbandsentwicklung

Auch die Arbeiterwohlfahrt stand vor der eben geschilderten Herausforderung, eine Vielzahl heterogener Dienste unter einem Dach zu versammeln. Eine zusätzliche Problematik kam hinzu: Die traditionellen Verantwortlichkeiten entsprachen nicht mehr den Anforderungen, die sich aus der Veränderung der ökonomischen Rahmenbedingungen stellten. Unter der Bezeichnung „Verbandsentwicklung" wurde in der Arbeiterwohlfahrt über mehrere Jahre eine Debatte zur Modernisierung des Verbands als Mitgliederorganisation und als professioneller Dienstleister geführt. Einer der Leitsätze, die diskutiert wurden, beschreibt den Grund der Debatte:

> „Die AWO und ihre Einrichtungen müssen sich als Folge des Paradigmenwechsels neu als Unternehmen etablieren und sich dem Wettbewerb im Markt der Sozialwirtschaft gegenüber den konkurrierenden Anbietern stellen. Das neue AWO-Unternehmertum verlangt eine Veränderung des Selbstverständnisses der Unternehmensführung vom staatsnahen Sozialbetrieb zum marktorientierten unternehmerischen Handeln" (AWO 2007).

Entflechtung der Verantwortung zwischen operativem Bereich und Idealverein

Eine der in den Mittelpunkt gestellten Anforderungen war der Gedanke einer Entflechtung der Verantwortung für die operativen Geschäfte und für den Idealverband. Mit solch einer neuen Verantwortungsteilung sollte die strategische Verknüpfung beider Aufgabenbereiche unter einem gemeinsamen Wertedach sichergestellt werden. Die Programmdebatte ist mit Beschlüssen der AWO-Bundeskonferenz 2007 zu Ende gegangen. Die AWO verfolgt – so ihr Beschluss –

> „gleichrangig verbands- und unternehmenspolitische Aufgaben. Die Entflechtung der Verantwortung für Führung und Kontrolle darf die Einheit der AWO nicht gefährden. Die AWO-Mitgliederverbände bleiben in der Gesamtverantwortung für die AWO-Unternehmenspolitik. Das bedeutet insbesondere die aktive Wahrnehmung ihrer Verantwortung für die strategische Steuerung und Kontrolle der AWO-Betriebe" (AWO 2007).

Mit dieser Entflechtungsstrategie soll ermöglicht werden, dass die für den marktwirtschaftlichen Wettbewerb notwendigen Instrumente – vom Qualitätsmanagement über Risikomanagement bis hin zu einem professionellen Marketing – von einer Unternehmensführung genutzt werden können, ohne dass sie durch ehrenamtliche oder bürokratische Strukturen an der Ausübung operativer Verantwortung gehindert wird.

Auch hier geht es um die Folgen der Ökonomisierung der Wohlfahrtsverbände: Traditionell wurden diese von ehrenamtlichen Vorständen geführt, was sich zunehmend als Steuerungsrisiko erwiesen hat. Aus diesem Grund ist dieser Beschluss der AWO ein Schritt in die Richtung einer in wirtschaftlicher Hinsicht professionellen Führung. Wie bei der Caritas tritt damit ein neues Problem zutage: Wenn sich Unternehmen und Verband auseinanderentwickeln, wird die „Einheit" gefährdet. Insofern bedarf es neben den Regelungen der Entflechtung einerseits auch der verbandlichen Einheit andererseits.

Professionelle Führung

Eine weitere interessante Bestimmung enthält das Statut der Arbeiterwohlfahrt bezüglich Ausgliederungen:

> „Im Falle der Entflechtung durch Ausgliederung bleibt der AWO-Mitgliederverband in der Gesamtverantwortung für die AWO-Unternehmenspolitik. Er übernimmt die strategische Steuerung und Kontrolle der AWO-Unternehmen durch eine aktive Wahrnehmung der Gesellschafterverantwortung" (AWO 2007).

Hier wird ein ebenfalls durch die ökonomische Transformation gängig gewordenes Mittel genannt: die Ausgliederung von Geschäftsbereichen in selbständige Einheiten, meist GmbH. Als Vorteile von Ausgliederungen gelten gemeinhin die schnellere Reaktionsfähigkeit durch Vermeidung (vereins-)demokratischer Entscheidungen, die höhere Professionalität der Entscheidungen sowie die Risikominimierung des Gesamtverbands. Auch die mögliche Loslösung aus den Tarifverträgen der Wohlfahrtsverbände wird bisweilen als Vorteil einer Ausgliederung gesehen. Gerade Letzteres ist für einen aus der Arbeitnehmerbewegung entstandenen Wohlfahrtsverband ein Problem, das uns nun schon zum wiederholten Mal begegnet: die Schwierigkeit, zwischen der eigenen Tradition, den eigenen Werten und auch den sie verkörpernden Personen einerseits und den ökonomischen Zwängen (aber auch Möglichkeiten) andererseits zu stehen und scheinbar nur die Alternative zu haben, zwischen einem von beiden wählen zu können. Die AWO will das eine tun, ohne das andere zu lassen und sucht insofern einen gangbaren Mittelweg.

Diakonisches Werk (DW)

Der Umgang mit Tarifverträgen ist für alle Wohlfahrtsverbände ein Problem. Es häufen sich die Auseinandersetzungen zwischen den Tarifparteien ebenso wie die negativen Meldungen über Dumpinglöhne. „Evangelische Kirche zahlt Dumping-Löhne", titelt die Financial Times Deutschland vom 29.4.2008 und fährt fort:

„‚Die Alternative wäre, und das ist der Gewissenskonflikt, zu sagen, wir machen die Arbeit gar nicht mehr, wir geben sie auf', sagte der Präsident des Diakonie Bundesverbands, Klaus-Dieter Kottnik, am Montag im ARD-Politmagazin „Report Mainz". Kottnik bestritt aber, dass es systematisches Sozialdumping gebe, und forderte von der Politik mehr Geld für das soziale System. Der Mitarbeitervertreter in der bundesweiten arbeitsrechtlichen Kommission der Diakonie, Wolfgang Lindenmaier, warf in der Fernsehsendung sowohl katholischer als auch evangelischer Kirche vor, die Lohnspirale bewusst nach unten zu treiben: ‚Die beiden Kirchen haben verhältnismäßig großen politischen Einfluss. Sie nützen diesen Einfluss und ihre Marktführerschaft im sozialen Bereich nicht, um endlich vernünftige Entgelte für die Arbeit zu bekommen. Sie nützen ihre Macht ausschließlich, um Dumpinglöhne durchzusetzen. Alle Welt regt sich über Lidl und Aldi auf. Kirche ist schlimmer'" (Financial Times 2008).

Um einen Weg zu finden, marktgerechte Löhne einerseits mit einem kirchlichem Anliegen andererseits zu verbinden, haben sich innerhalb des DW die starken Wirtschaftsträger zum Verband diakonischer Dienstgeber in Deutschland (VdDD) zusammengeschlossen.

Verband diakonischer Dienstgeber

Leistungsorientiertes Entgelt

Ein besonderes Anliegen des VdDD ist es, ein modernes, leistungsorientiertes Entgeltsystem zu entwickeln, das den einheitlichen, am öffentlichen Dienst orientierten Tarifvertrag ablösen sollte.

Durch die Inkorporierung in den öffentlichen Dienst richteten die Wohlfahrtsverbände traditionell ihr Dienst- und Besoldungsrecht an dem des öffentlichen Dienstes (z. B. BAT) aus, was insofern konsequent war, als die öffentliche Hand den Großteil der Dienste direkt oder indirekt bezuschusste. So war für alle Seiten eine genaue Kostenkalkulation möglich, es herrschte eine flächendeckende Tarifeinheit. Zudem sollten verbandliche Mitarbeiter nicht besser gestellt werden als ihre Kollegen im öffentlichen Dienst. Diese Konsistenz zwischen öffentlicher und Freier Wohlfahrtspflege wurde durch die Ökonomisierung zumindest in den Bereichen obsolet, in denen ein Wettbewerb mit privaten Anbietern herrscht. Dort ist die Bezugsgröße sinnvollerweise nicht mehr der öffentliche Dienst, sondern der marktübliche Lohn.

Mit den veränderten sozialstaatlichen Anforderungen an die Unternehmenstätigkeit sozialer Dienstleister wird die effektive und effiziente Gestaltung der Tarifsysteme für diakonische Träger und Einrichtungen immer wichtiger. Klientenorientierung, Personalentwicklung, Budget- und Qualitätsmanagement sollten unterstützt werden durch ein modernes, flexibles Vergütungssystem, das auch Arbeitsergebnisse als Qualitätsmaßstäbe verstärkt berücksichtigt. Der VdDD setzt sich als Ziel:

- Schaffung sicherer, überschaubarer und nachvollziehbarer kollektiver Regelungen des Arbeitsrechts
- Einführung eines aufgaben- und ergebnisbezogenen Entgeltsystems mit variablen Entgeltbestandteilen
- Vermeidung einer weitergehenden Zersplitterung des kollektiven Arbeitsrechts in der Diakonie durch Entwicklung einheitlicher Tarifregelungen, in denen einrichtungsbezogene oder regionale Besonderheiten Berücksichtigung finden (VdDD 2008)

Abkehr vom öffentlichen Tarifvertrag

Tatsächlich entwickelte die Diakonie 2007 im Konsens von Dienstgeber und Arbeitnehmervertretungen ein Tarifsystem, das sich nicht mehr am öffentlichen Tarifvertrag (TvöD), sondern stärker als der bisherige BAT an zu erfüllenden Aufgaben orientiert. Allerdings, gibt der Vorstand des VdDD zu, ist es nicht mehr bundeseinheitlich, sondern führt zu „uneinheitlichen Tarifflächen"(Diakonie Unternehmen 2007, 16). Den Grund für diese Entwicklung bringt der Diakonie-Vorstand Wilfried Knapp in einem Interview auf den Punkt:

> „Wir können uns in unserem Tarifwerk nicht mehr am öffentlichen Dienst orientieren, da das Selbstkostendeckungsprinzip in der sozialen Wirtschaft aufgegeben wurde und die vielen Kostendämpfungsgesetze im Gesundheitswesen die Pflegesätze drastisch reduziert haben. Wir sind kein öffentlicher Dienst" (o. V. 2008, 17).

Und ein Weiteres macht Knapp deutlich:

> „Die Tarifverträge, die die Diakonie abschließt, sind auch nur für diakonische Einrichtungen gültig. Sobald ein Diakonieverein eine Servicegesellschaft gründet, ist es an die ausgehandelten Tarife nicht mehr gebunden. Das führt dann zu interessanten Kombinationen unter dem Dach der Diakonie: Da gibt es die „normalen" diakonischen Einrichtungen (mit allen

> Rechten der Arbeitnehmer und entsprechenden Löhnen), dann die Ausgründungen, die sich der Diakonie anschließen (und damit deren Leitbild und Lohngefüge akzeptieren), schließlich aber auch Gesellschaften, die als Ausgründungen der Diakonie zwar Eigentum der Diakonie sind, nicht aber der Diakonie als Dachverband angehören, wohl aber aus Imagegründen den Namen Diakonie nutzen. Für diese gilt: Das kirchliche Arbeitsrecht gilt nicht, die Mitarbeiter werden nicht mit kirchlichem Tarif bezahlt, trotzdem nehmen die Einrichtungen – da sie Ausgründungen der Diakonie sind – selbstverständlich Logo und Imagevorteile der Diakonie in Anspruch" (o. V. 2008, 17).

Dieser an sich ärgerliche Umstand rührt vermutlich daher, dass die Einrichtungen erkannt haben, dass bestimmte Marken auf dem Markt gut wirken, dass andererseits aber damit wirtschaftliche Nachteile in Form höherer Standards verbunden sind. Insgesamt lässt sich eine deutliche Tendenz erkennen, alle verbandlichen Prozesse nach unternehmerischen Gesichtspunkten zu gestalten, ohne größere Rücksichtnahme auf Tradition und bisheriges Leistungsportfolio. Dahme et al. haben in einer breit angelegten Studie die Transformationsprozesse der Wohlfahrtsverbände untersucht. Ihr Fazit:

> „Zugespitzt formuliert, erleben wir gegenwärtig die Auflösung des wohlfahrtsverbandlichen Modells der Organisation sozialer Dienste, ohne dass dies zugleich zur Auflösung der Wohlfahrtsverbände führt. Die von diesen gegenwärtig entwickelten (oder übernommenen) Alternativen (zivilgesellschaftliches Engagement, Reaktivierung der Ehrenamtlichkeit etc.) kontrastieren mit der sozialökonomischen Dynamik, die den Überlebensversuch der Träger und Einrichtungen kennzeichnet. Der Verlust des sozialpolitischen Selbstverständnisses ist unter diesen Bedingungen nur noch schwer aufzuhalten" (Dahme et al. 2005, 103).

Ökonomische Stärkung und Verlust der Identität

Die Transformation führt also einerseits zu einer ökonomischen Stärkung des „Unternehmensteils" der Wohlfahrtsverbände und festigt zweifellos die beschriebene starke Stellung der Wohlfahrtsverbände in der Dienstleistungsproduktion. Sie führt andererseits zu einem Verschwimmen des Selbstverständnisses, der Identität und letztlich der Antwort auf die Frage, warum es einen Wohlfahrtsverband (samt seiner Privilegien) geben sollte.

Nicht geklärt ist auch die Weiterexistenz und/oder Form nicht marktwirtschaftlicher Dienste. Unter rein ökonomischer Perspektive sind diese Dienste „Verlustgeschäfte". Es wird sich die Frage stellen, warum überhaupt und wenn ja in welchem Umfang diese „schlechten Risiken" weiterhin mitgetragen werden sollen, besonders wenn es (auch) ein Ziel des Unternehmens sein sollte,

Gewinne an Mitglieder oder Dritte auszuschütten (Bangert/Roth 2007).

5.4 Der „Spagat" der Wohlfahrtsverbände: Zwischen Unternehmertum und Wertbewahrung

Nachdem beide Funktionen der Wohlfahrtsverbände beschrieben sind, ist es möglich ihre strategische Situation zu analysieren. In seiner Analyse der Situation der Wohlfahrtsverbände spricht Enste vom „Spagat zwischen der Funktion als Sozialanwalt auf der einen und der des Unternehmens/Einrichtungsträgers auf der anderen Seite“ (Enste 2004a, 26). Er beschreibt damit treffend die aktuelle durch die Ökonomisierung der Sozialpolitik hervorgerufene Situation. In dem nun folgenden Abschnitt soll dieser „Spagat“ näher analysiert und vertiefend betrachtet werden.

5.4.1 Die „doppelte Funktion" der Wohlfahrtsverbände

Weuthen charakterisiert Wohlfahrtsverbände als wertorientierte Organisation wie folgt:

> „Freie Wohlfahrtsverbände lassen sich als gemeinnützige Dienstleistungsunternehmen charakterisieren, deren wesentliches Merkmal die Freiwilligkeit darstellt. Diese freiwilligen Zusammenschlüsse zeichnen sich durch Mitglieder aus, die ohne gesetzlichen Zwang in freier Initiative helfen und privat als freiwillige Helfer die Wohlfahrtspflege fördern. Daneben verfügen die freien Wohlfahrtsverbände über Merkmale pluralistischer Interessengruppen, inkorporierter Verbandsspitzen und stellvertretender Interessenvertretungen. Als normative Organisationen sind sie ihren Weltanschauungen, Traditionen und Sozialmilieus verpflichtet" (Weuthen 1990, 18).

Darüber hinaus sind nach Selbstauskunft der Wohlfahrtsverbände noch folgende Merkmale zu nennen: Als normative Organisationen sind Wohlfahrtsverbände besonders daran interessiert, „[...] spontane Kräfte des Helferwillens und der Solidarität in der Bevölkerung“ (BAG 1985, 4) zu fördern und durch gezielte Hilfestellungen zu effektivieren. Sie nehmen an den politischen Entscheidungsprozessen nicht nur als Interessensvertretung, sondern auch in ihrer Eigenschaft als Fachkompetenzen teil. Dazu müssen sie Gewähr für qualifizierte und fachlich hochstehende soziale Arbeit bieten. Programmatische Aussagen über die Gestaltung der sozialen Hilfen thematisieren immer wieder die Grundlage für das Wirken von Wohlfahrtsverbänden. Klares Ziel der Verbandsgründungen war die Absicht, die Hilfe für bedrängte Menschen zu verbessern. Das Engagement hatte keinen Selbstzweck, sondern ein klares Ziel: den Schutz derer, die durch den ungezügelten Kapitalismus unter die Räder zu kommen drohten. Damit war einerseits programmatisch eine Distanz zum liberalistischen Kapitalismus gegeben, andererseits ein entscheidender Beitrag zur „sozialen Versöhnung" geleistet.

BAGFW-Präsidentin Barbara Stolterfoht lobte anlässlich der ConSozial 2005 am 14. November 2005 die Qualitäten der Wohlfahrtsverbände:

„Sie schaffen es:
- bürgernah, unbürokratisch, fachkompetent und ohne Gewinninteressen umfassende soziale Dienstleistungen anzubieten,
- die Interessen derer, die sich kaum Gehör schaffen können, zu artikulieren und
- gleichzeitig der Politik als Motor und Ideengeber zu dienen" (Stolterfoht 2005).

Weitere Prinzipien der Freien Wohlfahrtspflege sind:

- Wahlfreiheit des Klienten
- Freiheit der Leistungsgestaltung
- Freiwilligkeit des Klienten

Auf der anderen Seite ist bezeichnend für die neue Situation der Wohlfahrtsverbände, dass die zentralen Themen der letzten Jahre fast ausschließlich wirtschaftlicher Natur sind. Dies hat einen guten Grund, wie in einem Gutachten der Bank für Sozialwirtschaft zu lesen ist:

> „Die politischen, ökonomischen und gesellschaftlichen Veränderungen der letzten Jahrzehnte stellen die Verbände, Träger und Einrichtungen der Freien Wohlfahrtspflege in Deutschland schon längere Zeit vor erhebliche Herausforderungen. Sie antworten darauf u. a. mit der Stärkung der betriebswirtschaftlichen Kompetenz in Organisation, Steuerungsinstrumenten und Management" (Rothkirch 2005, 6).

Wirtschaftliche Seite der Wohlfahrtsverbände

Dass vorwiegend die wirtschaftliche Seite der Wohlfahrtsverbände herausgestellt wird, hängt mit dem beschriebenen Trend zur

Ökonomisierung des Sozialen zusammen. Dies zeigt sich u.a. auch daran, dass sich wissenschaftlich am meisten Wirtschaftswissenschaftler um Fragen der Wohlfahrtspflege kümmern. Bezeichnend ist ein Pressestatement des Deutschen Instituts der Wirtschaft, das unter der Überschrift „Freie Wohlfahrtspflege – Vom Wettbewerb verschont" konstatiert:

> „[Es] mangelt in der Freien Wohlfahrtspflege noch immer an Instrumenten der modernen Unternehmensführung. So sollten die gemeinnützigen Einrichtungen ihre Kosten und Leistungen untereinander vergleichen, um Einsparpotenziale aufzudecken. Um die Qualität der sozialen Dienste zu steigern, müsste ein Qualitätsmanagement betrieben werden, das an den Kundenbedürfnissen ausgerichtet ist. Zudem sollten die Einrichtungen verpflichtet sein, ihre Wirtschaftsdaten zu veröffentlichen. Vor allem aber gilt es, den Markt für soziale Dienstleistungen stärker für private Konkurrenten zu öffnen" (Enste 2004b).

Der Ruf an die Politik zur „Marktöffnung" bleibt längst nicht mehr ungehört, vielmehr sind sozialpolitische Entscheidungen ganz auf dieser politischen Linie. Dies hat Folgen für die Wohlfahrtsverbände, wie sich am Beispiel des Sozialgesetzbuches II (häufig auch „Hartz IV" genannt) zeigen lässt.

5.4.2 Wohlfahrtsverbände als Dienstleister der Arbeitsagenturen im Rahmen des SGB II

Die sog. „Hartz IV"-Reform, die im SGB II ihren Niederschlag gefunden hat, unterteilt die Leistungen für Arbeitssuchende in drei Bereiche (§ 4 SGB II):

- Dienstleistungen
- Sachleistungen
- Geldleistungen

Über die Geldleistungen wird nach wie vor viel gesprochen und geschrieben. Die Sachleistungen sind dagegen kaum in der Diskussion – zu Recht, denn sie sind von eher geringer Bedeutung.

Fallmanager

Ein Fallmanager soll (§§ 14–18 SGB II) Beratungsleistungen zur Wiedereingliederung anbieten. Er kann und soll dabei andere Dienste freier Träger einbeziehen, so z.B. Schuldnerberatung oder Suchtberatung (§ 16 SGB II). Dem Wirken des Fallmanagers liegt eine sogenannte „Eingliederungsvereinbarung" zugrunde. Diese Eingliederungsvereinbarung wiederum kann entweder freiwillig abgeschlossen werden oder die Inhalte werden per Verwaltungsakt verordnet (§ 15 Abs. 1 S. 6 SGB II). Wer sich weigert, eine derartige Vereinbarung abzuschließen, muss mit Leistungskürzungen rechnen (§ 31 Abs. 1 Nr. 1 Buchst. a SGB II). In der Eingliederungsvereinbarung stehen dann sowohl Zielvorstellungen als auch konkrete Pflichten des Arbeitssuchenden (z. B. die Verpflichtung zur gemeinnützigen Arbeit).

Die Eingliederungsvereinbarung (§ 15 SGB II), die der Fallmanager mit dem Klienten abschließen soll, ist demnach das „Pflichtenheft" beider Vertragsparteien. Sie ist ein öffentlichrechtlicher Vertrag (§ 53ff SGB X), der beide verpflichtet: den Klienten (oder „Kunden") zur Einhaltung seiner auferlegten Pflichten (z. B. zu erscheinen, mitzuarbeiten etc.), den Fallmanager zur Bereitstellung der zugesagten Leistungen. Für beide Vertragsparteien steht einiges auf dem Spiel: Der Kunde wird sanktioniert, wenn er seinen Verpflichtungen nicht nachkommt, der Fallmanager ggf. verklagt, wenn die Dienstleistung nicht erbracht wird.

Nach § 16 SGB II wird der Wohlfahrtsverband eingeschaltet, um als Dienstleister der Arbeitsagentur/ARGE einen Teil der entsprechenden Eingliederungsvereinbarung abzuarbeiten.

Wohlfahrtsverbände unterliegen zunehmend einem Controlling der Leistungen

Das, was daraufhin zwangsläufig folgt, komplettiert die klare Subordination der Wohlfahrtsverbände im Verhältnis zur ARGE: Als Dienstleister unterliegen sie dem Controlling des Fallmanagers. Dies muss zwingend so sein, weil der Fallmanager sonst nicht sicher gehen kann, ob er seine in der Eingliederungsvereinbarung zugesagten Verpflichtungen einhält. Wie tief nun dieses Controlling reicht, ist zwar sehr unterschiedlich. Prinzipiell muss es sich aber nicht nur auf Rahmendaten (Leistung in Anspruch genommen: ja oder nein) reduzieren, sondern es kann auch Qualitäts- und Leistungsmerkmale einbeziehen, was die Gestaltungsfreiheit des Dienstleisters stark einschränkt. Festgelegt sind die Leistungsgrundsätze in § 17 SGB II:

„(2) Wird die Leistung von einem Dritten erbracht [. . .], sind die Träger der Leistungen nach diesem Buch zur Vergütung für die Leistung nur verpflichtet, wenn mit dem Dritten oder seinem Verband eine Vereinbarung insbesondere über
1. Inhalt, Umfang und Qualität der Leistungen,
2. die Vergütung, die sich aus Pauschalen und Beträgen für einzelne Leistungsbereiche zusammensetzen kann, und
3. die Prüfung der Wirtschaftlichkeit und Qualität der Leistungen besteht.

Die Vereinbarungen müssen den Grundsätzen der Wirtschaftlichkeit, Sparsamkeit und Leistungsfähigkeit entsprechen."

5.4.3 *Doppelfunktion Dienstleister und Sozialanwalt: Schwierigkeiten in der Praxis*

Schwierigkeit der Doppelfunktion

In der Praxis bringt die Doppelfunktion von Wohlfahrtsverbänden als Dienstleister und Sozialanwalt eine Reihe von Schwierigkeiten mit sich. So heißt es in einem Papier der Bundesarbeitsgemeinschaft der Freien Wohlfahrtspflege (BAGFW):

„Aus der Praxis wird gemeldet, dass Eingliederungsvereinbarungen in nennenswertem Umfang nicht auf die individuelle Situation des/der Hilfebedürftigen abgestimmt sind, sondern vielfach nur aus EDV-Textbausteinen bestehen. Teilweise wird die Eingliederungsvereinbarung nicht einmal individuell besprochen. Andererseits hat allein die Nichtunterzeichnung einer angebotenen Vereinbarung zwingend Sanktionen zur Folge. Die Sanktionierung nach § 31 Abs. 1 Satz 1a tritt unmittelbar ein, da ein Widerspruch des Hilfebedürftigen weder gegen die Sanktion selbst noch gegen eine als Verwaltungsakt erlassene Eingliederungsvereinbarung aufschiebende Wirkung hat. Dies setzt Hilfebedürftige unter unzumutbaren Druck, eine Eingliederungsvereinbarung zu unterzeichenen. [...] Angesichts der unzureichenden Verwaltungspraxis ist es untragbar, die angebotene Eingliederungsvereinbarung stets als rechtmäßig zu vermuten und unmittelbar an ihre Nichtunterzeichnung Sanktionen zu knüpfen" (BAGFW 2006a).

Im Rahmen von SGB II nehmen also die Verbände als Dienstleister an einem Gesetz teil, dessen Verwirklichungspraxis sie als „Anwalt" der sozial Schwachen – zumindest in Teilen – als „unzumutbar" anprangern. Ob diese Doppelstrategie aufgeht, ist offen. Zumindest in der Dienstleistungsrolle muss das Verhältnis zum Auftraggeber Arbeitsagentur als ein hierarchisches Über- und Unterordnungsverhältnis betrachtet werden. So erklärten die Wohlfahrtsverbände in der Anhörung zum Gesetz selbst:

„Damit werden alle zivilgesellschaftlichen, partizipatorischen und wertorientierten Elemente der Zusammenarbeit zwischen öffentlichen und freien Trägern abgeschafft und durch ein reines Wirtschaftlichkeitsprinzip ersetzt. [... Aus] Kooperationspartnern [werden] Subunternehmer der Arbeitsverwaltung" (Der Paritätische 2003, 24).

Dieses Gesetz ist jedoch kein „Betriebsunfall". Vielmehr ist das Verhältnis zwischen den ARGEn und den Wohlfahrtsverbänden von den politischen Entscheidungsträgern ganz kar so gewollt, wie diverse Stellungnahmen vonseiten der Politik belegen. Stellvertretend dafür sei hier Krämer zitiert, der sich als Staatssekretär im Hessischen Sozialministerium gegen verbandliche Kritik wehrt: „Hier stellt sich allerdings die Frage, ob mit einer unveränderten Bewahrung der existierenden [Träger-]Strukturen nicht die Chance vertan wird, dieselben einer gründlichen Revision zu unterziehen“ (Krämer 2004, 16). Mit anderen Worten: Das, was die Verbände beklagen – die Revision des traditionellen Verhältnisses zwischen den Trägern und dem Staat – ist politisch genau so gewollt.

Mit Hartz IV wird die Doppelrolle bzw. der „Spagat zwischen der Funktion als Sozialanwalt auf der einen und der des Unternehmens/Einrichtungsträgers auf der anderen Seite“ (Enste 2004a) wieder spürbar. Am Beispiel der Einbindung in das SGB II wird also deutlich, dass Wohlfahrtsverbände heute zwischen verschiedenen Logiken stehen:

Dienstleistungslogik versus Sozialanwaltschaft

- der Dienstleistungslogik („Subunternehmer“) und den eigenen sozialen Traditionen („Sozialanwaltschaft“)
- dem Anspruch, „vorrangige Option für die Armen“ zu sein und dem wirtschaftlichen Überleben
- dem solidarischen Leitbild und den Anforderungen der Kostendeckung

Grundsätzlich ist also die Stellung der Verbände gegenüber den Arbeitsagenturen nicht unproblematisch. Die vermeintlich klare Entscheidung, sich selbstverständlich als Dienstleister den Arbeitsagenturen anzudienen, hat also aus mehreren Gründen „Schlagseite“:

- Die Rolle als Anwalt wird möglicherweise zwiespältig wahrgenommen.
- Die Freiheit der Dienstleistungsgestaltung erscheint zumindest nicht vollständig gewährleistet.
- Wichtige Prinzipien der Freien Wohlfahrtspflege (z. B. Wahlfreiheit des Klienten) sind stark eingeschränkt, wenn nicht gar völlig aufgehoben. Damit steht die Identität eines Wohlfahrtsverbands zur Debatte.

Ob man es nun wahrhaben will oder nicht: Als „Mitgestalter“ des Gesetzes oder gar als „Partner“ des Staates sind die Wohlfahrtsverbände nicht (mehr) gefragt. Das ist insofern gut, als man sich die Frage stellt, wie diese Partnerschaft innerhalb eines Gesetzes aussehen sollte, das von Verbandsvertretern offen als sozial unverträglich apostrophiert wird. Wenn also die „Partnerschaft" definitiv beendet ist, bleibt die Frage an die Verbände, wieso es für sie offenkundig so schwer ist, sich der neuen Herausforderung zu stellen.

6 Strategische Steuerung als Managementaufgabe – Das St. Galler Managementmodell

Nach den Befunden im vorangegangenen Kapitel drängt sich die Frage auf, welche Entwicklung Wohlfahrtsverbände nehmen müssten, um die zweifellos schwierige Transformation erfolgreich bewältigen zu können. Eine erfolgreiche Strategie hat in diesem Sinne zwei zentrale Ziele: Existenzsicherung auf der einen, Identitätsbewahrung auf der anderen Seite. Zu fragen ist auch, mit welchen Instrumenten dies bewerkstelligt werden kann.

Ganz zweifellos haben wir es angesichts der beschriebenen Herausforderungen mit einer komplexen strategischen (und wie sich herausstellen wird normativen) Steuerungsaufgabe zu tun, die ein ebenso komplexes Managementsystem benötigt. Deshalb wird nun das St. Galler Managementmodell als ein Modell eingeführt, das Leistungen, Strukturen und Selbstverständnis systematisch aufeinander bezieht und in ein differenziertes Handlungsinstrumentarium überführt.

6.1 Die normative Managementfunktion

Vier Teilaspekte

In der normativen Dimension des Unternehmens lassen sich vier Teilaspekte unterscheiden:

1. **Vision:** Die unternehmerische Vision ist die vorausschauende Vorstellung von Werten, Zwecken und Zielen. Mit dieser Vision, die als „Leitstern“ für die Beschäftigten fungiert, wird das unternehmerische Handeln geprägt, alle Strategien und operativen Maßnahmen sind daraus zu entwickeln.
2. **Unternehmenspolitik:** Die Unternehmenspolitik hat die prinzipielle Aufgabe, externe Interessen an das Unternehmen mit intern verfolgten Zielen zu harmonisieren und damit langfristig die Autonomie des Systems zu gewährleisten.
3. **Unternehmensverfassung:** Die Unternehmensverfassung gibt eine normierende, formale Rahmenordnung für die Zielfindung und den Interessenausgleich vor und normiert damit die

Wege der Auseinandersetzungen zur Findung und Integration ökonomischer und sozialer Ziele.

4. **Unternehmenskultur:** Damit „wird die Verhaltensdimension normativen Managements angesprochen. Werte und Normen tragen das Verhalten der Mitglieder des sozialen Systems Unternehmung. [...] Im Gegensatz zur Unternehmensverfassung, in der Werte und Normen explizit zum Ausdruck kommen, wird durch die Unternehmenskultur implizit der unternehmenspolitische Kurs zum Erfolg, oder Misserfolg geführt“ (Bleicher 2004, 236f).

Langfristige Handlungsoptionen

Für die Wohlfahrtsverbände sind folgende normativen Aufgaben vordringlich:

- Abgrenzung der normativen Vorstandsaufgaben vom operativen Management
- Verantwortung für die Leitbildentwicklung und Selbstverständnisdebatte
- Prioritätensetzung und darauf aufbauende vorausschauende Planung

Die zentrale Aufgabe der nächsten Jahre wird sein: ein normatives Management zu etablieren, das die Frage nach dem „Sinn“, der Ethik des Verbands, seiner Werte und seiner Aufgaben verfolgt und alles diesen Normen unterordnet. Betriebswirtschaftliche und rechtliche Umorganisationen sind kein Selbstzweck. Wohlfahrtsverbände sind nicht dazu da, sich selbst zu erhalten oder Geld zu verdienen. Damit erhält das normative Management die Aufgabe, im gesamten Unternehmen für ein gemeinsames Selbstverständnis Sorge zu tragen: Dies zeigt sich in den Strategien, die verfolgt werden, in der Unternehmensgestaltung, in der Unternehmenskultur und selbstverständlich in den operativen Maßnahmen.

6.2 Die strategische Managementfunktion

Die Aufgabe des strategischen Managements liegt darin, Erfolgspotenziale, d. h. Handlungschancen der angenommenen zukünftigen Entwicklung, zu definieren und hieraus Strategien für die Gestaltung des Unternehmensprozesses zu entwickeln. Im Detail bedeutet das:

Langfristige Handlungsoptionen

Auf den Zweck des Unternehmens gerichtete langfristige Handlungsoptionen entwickeln: Das strategische Management entwickelt aus den Vorgaben der (normativen) Unternehmenspolitik einen Orientierungsrahmen für die zu treffenden Entscheidungen des Managements (z. B. Personal, Finanzen) und ein Vorgehensmuster zur Erreichung der Ziele des Unternehmens unter Beachtung der kontextualen und situativen Bedingungen von Umwelt und eigener Unternehmensentwicklung. Messgrößen für die erfolgreiche Umsetzung der Strategie sind z. B. Umsatz, Dienstleistungspalette und Gewinn.

Zielperspektiven und Realisierungswege

Zielperspektiven und Realisierungswege entwickeln: Durch Marktbeobachtung, Umweltanalysen und Zukunftsprognosen werden Zielperspektiven und Verwirklichungswege entwickelt, die diesen Unternehmenserfolg langfristig sicherstellen. Die Realisierung geschieht durch Gestaltung von Organisationsstrukturen, die das Unternehmenshandeln zielgerichtet kanalisieren.

Früherkennungssystem

Früherkennungssystem installieren: Im strategischen Management ist daher auch ein Früherkennungssystem zu schaffen, dessen Aufgabe es ist, Veränderungen in der Unternehmensumwelt (z. B. Stakeholderinteressen) und deren Rückwirkungen auf die möglichen Unternehmensergebnisse rechtzeitig zu erkennen. Nur so kann das Management auf Umweltveränderungen reagieren.

Langzeitperspektiven

Langzeitperspektive entwerfen: Damit ist das strategische Management für die Langzeitperspektive verantwortlich, deren Horizont einen Zeitrahmen von fünf und mehr Jahren umfasst. Die allgemeinen Aspekte der Unternehmensplanung werden zwar durchaus auch vom strategischen Management ergriffen, in erster Linie geht es hier jedoch darum, langfristige Strategien zu entwickeln, an denen Leitungs- und Handlungsprozesse ausgerichtet werden können.

Wenn der gesamten Organisation klar ist, welche Werte sie leiten und welche Vision sie beflügelt (normative Ebene), stellen sich demnach die strategischen Aufgaben, langfristig Schritte zu planen, um dies zu realisieren.

6.3 Operatives Management

Das operative Management setzt einzelfallbezogen die grundsätzlichen Rahmenbedingungen um. Mittel sind Prozesse der Willensbildung, der Willensdurchsetzung und der Willenssicherung. In diesen Managementbereich gehören Führungshandeln, Allokation und Disposition von Ressourcen.

Schwerpunkte

Im operativen Bereich sind folgende Schwerpunkte festzustellen:

- Personalführung (Mitarbeitergespräch, Mitarbeiterbeurteilung)
- Leistungsportfolio
- Formalisierungen (Stellenbeschreibung, Dienstordnung)
- Funktionale Arbeitsabläufe
- Controlling
- Finanzmanagement

Managementwissen integrieren

Für Leistungsangebot und Effizienz von Wohlfahrtsverbänden gilt es, ein operatives Management zu entwickeln, das primär den zentralen Inhalt des Wirtschaftens im Auge hat: das langfristige Überleben der Einrichtung. Dabei muss es darum gehen, Managementwissen in soziale Organisationen zu integrieren, ohne dass Wohlfahrtsverbände zu Profitorganisationen werden sollen. Dieser besondere Charakter des Managements kann allerdings nur erhalten bleiben, wenn sich auch das operative Management nicht verselbständigt, sondern nach der Systemidentität handelt, die sozialen Organisationen eigen ist. Nur so kann betriebswirtschaftliches Wissen integriert werden, ohne dass dieses Wissen die eigene Identität gefährdet. Deshalb sind zentrale operative Aufgaben insbesondere im Finanz- und Personalbereich zu erfüllen. Dies aber bedeutet, dass die Manager auf der operativen Ebene sich nicht von den strategischen und normativen Vorgaben lösen dürfen, die der Gesamtorganisation ihren „Stempel" aufdrücken.

6.4 Normative und strategische Aufgaben

Der beschriebene Prozess der Ökonomisierung der Wohlfahrtsverbände hat, wie gezeigt, ein Doppelgesicht: Einerseits macht er ökonomisch unabhängig, bringt gewisse Sicherheit und Autonomie, andererseits lässt er die ohnedies schwache Wertbasis weiter erodieren. Mitarbeiter, Produkte, Prozesse und Strategien werden nicht mehr nach normativen Kriterien ausgesucht (z. B. Nähe zur Kirche), sondern nach ökonomischen und unternehmerischen (Lohnhöhe, Berufserfahrung). „Ethische Anforderungen an die Mitarbeiter werden aber, was ansatzweise zu beobachten ist, in dem Maße zurückgeschraubt, wie die betriebswirtschaftliche Positionierung im Markt zunimmt" (Dahme et al. 2005, 137).

Diese Frage stellt sich auch und besonders in kirchlichen Einrichtungen, weil nur noch eine Minderheit der Mitarbeiterinnen und Mitarbeiter an einem explizit christlichen Profil interessiert ist. So erklärten sich in einer Befragung von pädagogischen Fachkräften in kirchlichen Einrichtungen nur noch 36 Prozent an einem christlichen Profil der Angebote interessiert, 19 Prozent lehnen dies ausdrücklich ab. Fazit der Forscher: „Das christliche Proprium wird immer mehr zur ‚Chefsache' und kann nicht mehr als selbstverständlicher Auftrag aller Mitarbeiter(innen) vorausgesetzt werden" (Windolph 2007, 21).

Aus dem bislang Gesagten lässt sich nun die konkrete Aufgabe ableiten, der sich die Wohlfahrtsverbände normativ und strategisch zu stellen haben.

Identitäts-bewahrung

Aus ihrer Geschichte bringen die Wohlfahrtsverbände eine Tradition mit, die ihr bisheriges Tun prägte. Am Beispiel der Gründung des Caritasverbands durch Lorenz Werthmann (1897) lässt sich zeigen, dass die Gründungsidee nicht allein die einer praktischen Sozialarbeit war (i. S. der konkreten Hilfe), sondern dass von Beginn an die Notwendigkeit gesehen wurde. Seine Position, geschrieben 1915 angesichts des Turbokapitalismus des beginnenden 20. Jahrhunderts und des offenkundigen Staatsversagens, liest sich wie ein Auftrag für Wohlfahrtsverbände zur politischen Arbeit:

> „Unsere caritative Tätigkeit ist wie die Aufgabe eines Arztes: Wir können Krankheiten am Körper der Familie entdecken und zu heilen versuchen, besser aber ist es, wenn die Krankheiten von vorneherein verhütet und alle Kräfte in Staat und Kirche angestrengt werden, um ein körperlich und geistig gesundes Geschlecht zu erziehen" (Werthmann/Borgmann 1958, o. S.).

Werthmanns Idee, die Caritas auch als „Dampf in der sozialen Maschine" und „Trägerin der sozialen Versöhnung" zu gründen, hatte erhebliche Auswirkungen sowohl für die Verbände selbst, als auch ihre Rolle im Staat jenseits der reinen Hilfefunktion für Kranke und Schwache. Gabriel fasst zusammen: „Der Durchbruch zur weltweit ersten sozialstaatlichen Vergesellschaftungsform in Deutschland ging auf ein Zusammenspiel konservativer, protestantisch – pietistischer und katholisch-sozialer Impulse zurück" (Gabriel 1992, 251).

Innovation im Sozialstaat und nicht so sehr die Regelversorgung stand an der Wiege der Wohlfahrtsverbände, insofern gehört es zum Wesen eines Wohlfahrtsverbands, für neue Nöte neue Ideen, Modelle und fortschrittliche Impulse einzubringen – ob bezahlt oder nicht.

Die innovative Rolle im bürokratisch strukturierten Sozialstaat korreliert mit der Notwendigkeit der Anwaltschaft für sozial Schwache. Diese Funktion ist ebenso notwendig wie in ihrer Form variabel. Anwaltschaft kann in der Teilnahme an geregelten Verfahren (z. B. Anhörung bei Gesetzesvorhaben) bestehen oder in einem gemeinsamen „Sozialmonitoring", in dem Wohlfahrtsverbände und Bundesregierung gemeinsam die Grundsicherung für Arbeitssuchende und Sozialhilfe unter die Lupe nehmen, wie dies beispielsweise die Große Koalition in ihrem Koalitionsvertrag im November 2005 geregelt hat (Becker/Schwengers 2007, 20ff). Anwaltschaft muss sicherlich auch bereit sein, in deutlichen Widerspruch zum Staat zu treten, insbesondere dann, wenn die Grundfesten einer Solidargesellschaft nicht mehr uneingeschränkt gewahrt werden. Anwaltschaft kann und muss sich aber auch in eigenen Initiativen ausdrücken wie in den 90er Jahren, als verschiedene Wohlfahrtsverbände eigene Armutsberichte vorgelegt haben. Hier ist die „intermediäre" Rolle gefragt, die Wohlfahrtsverbände für sich in Anspruch nehmen: Stimme der Bedürftigen neben dem Staat und neben marktförmigen Diensten zu sein.

Eine dritte Funktion wurde hier bereits ausführlich beschrieben: Es gilt, dem sozialen Engagement der Bürger einen gesellschaftlich relevanten, öffentlich wirksamen, aber nicht staatlich gelenkten Ausdruck zu verleihen.

Förderung bürgerschaftlichen Engagements

Der Förderung bürgerschaftlichen Engagements kommt angesichts der erkennbaren Grenzen des Sozialstaates eine überaus zentrale Rolle zu. Deshalb ist es nicht nur für die Verbände identitätsstiftend, es ist zudem sozialstaatlich unverzichtbar, hier Akzente zu setzen.

Alle Anzeichen deuten darauf hin, dass der Trend zu einer liberalen Verfasstheit der Sozialpolitik anhalten und damit die Rahmenbedingungen für die Dienstleistungsfunktion der Wohlfahrtsverbände auch weiterhin prägen wird. Damit ist es funktional und notwendig, seine Instrumente darauf auszurichten, um erfolgreich im Wettbewerb bestehen zu können. Dies wird dazu führen müssen, Tarifsysteme wettbewerbsfähig zu gestalten, rechtliche Betriebsformen zu überdenken, Fusionen zu überprüfen, Risikomanagement einzuführen, v. a. aber Rentabilität in den Mittelpunkt zu stellen.

Finanzierung sicherstellen

Dabei wird eine Kernfrage der Zukunft der Freien Wohlfahrtspflege die Frage der künftigen Finanzierung ihrer Einrichtungen sein. Vorauszusehen ist, dass vor allem im investiven Bereich der Fremdkapitalbedarf steigt, weil wichtige Investitionen seit Jahren aufgeschoben werden und/oder sich die Verbände in gewohnt korporatistischer Manier darauf verlassen, dass der Staat die Sanierung ihrer Liegenschaften übernimmt. Auch die „gängigen" Wege, Investitionen über Bankkredite zu finanzieren, werden erschwert, z. B. durch die Eigenkapitalrichtlinien von Basel II, sodass alternative Finanzierungsformen gesucht und gefunden werden müssen. Es wird sich die Frage stellen, ob es für Wohlfahrtsverbände alternative Finanzierungsoptionen gibt, z. B. „Corporate Financing" – d. h. mit Beteiligungen, Investorenmodellen, Börsenplatzierungen etc. (Rothkirch 2005).

Je liberaler Sozialpolitik gestaltet wird (Rücknahme der Rolle des Staates bei stärkerer Betonung des Steuerungsmediums „Geld"), desto notwendiger ist es, die Folgen des „Marktversagens" zu beobachten. Die Lücken, die die staatliche Versorgung hinterlässt, sind die ursprünglichen Aufgaben der Wohlfahrtsverbände, deren – zumindest in ihrem Selbstverständnis – wichtigstes Steuerungsmedium die „Solidarität" ist.

6.5 Beispiele für Reaktionsmuster der Wohlfahrtsverbände

Im nächsten Schritt sollen nun zwei Instrumente untersucht werden, die helfen können, den gestellten strategischen Zielen (Identitätsbewahrung und wirtschaftliches Überleben) gerecht zu werden: der derzeit bei vielen Verbänden eingeführte „Corporate Governance Kodex" und die in den 90er Jahren durchgeführten Leitbildprozesse. Sie sind Beispiele von Steuerungsversuchen der Verbände, die helfen sollen, die strategische Dilemmasituation aufzulösen.

6.5.1 Corporate Governance Kodex

Dass sich die Verantwortlichen der Verbände der oben ausgeführten Steuerungsproblematik – zumindest grundsätzlich – bewusst sind, zeigt ein derzeit auf breiter Front eingeführtes Steuerungsinstrument: der Corporate Governance Kodex. Er verankert strukturell die Verteilung von verschiedenen Rollen sowie die Verantwortlichkeiten und soll gleichzeitig dafür genutzt werden, Transparenz und Offenheit nach außen zu kommunizieren.

Grundsätze der Unternehmensführung

Der Corporate Governance Kodex umfasst die Gesamtheit der Grundsätze für die Leitung und Überwachung eines Unternehmens. Mit Corporate Governance soll ein effizientes System von „checks and balances" den Kräfteausgleich in einer Aktiengesellschaft garantieren. Entstanden ist die Idee aufgrund der Unternehmenskrise der Holzmann-Holding. Um weitere solcher Krisen zu vermeiden, setzte die Bundesregierung am 29. Mai 2000 die Regierungskommission „Corporate Governance – Unternehmensführung – Unternehmenskontrolle – Modernisierung des Aktienrechts" ein. In dem Schreiben der Bundesregierung heißt es zum Auftrag:

> „Die Kommission soll sich aufgrund der Erkenntnisse aus dem Fall Holzmann mit möglichen Defiziten des deutschen Systems der Unternehmensführung und -kontrolle befassen. Darüber hinaus soll sie im Hinblick auf den durch Globalisierung und Internationalisierung der Kapitalmärkte sich vollziehenden Wandel unserer Unternehmens- und Marktstrukturen Vorschläge für eine Modernisierung unseres rechtlichen Regelwerkes unterbreiten" (Deutscher Bundestag 2001, 3).

Die Kommission legte 2001 ihren Bericht vor. Sie machte Vorschläge vor allem zur Funktionsweise der Leitungsorgane, zu ihrer Zusammenarbeit und zur Kontrolle ihres Verhaltens.

Eine interessante „Randbemerkung", die zwar nicht unmittelbar Auswirkungen auf die Empfehlung der Kommission hatte, aber doch zeigt, in welchem „Licht" Wohlfahrtsverbände erscheinen, ist im Bericht des Vorsitzenden Baums zu finden. Er führt aus:

> „Gleichfalls hat die Regierungskommission beschlossen, von Empfehlungen zum wirtschaftlich tätigen Idealverein [...] abzusehen. [...] Die Regierungskommission ist gleichwohl der Auffassung, dass rechtspolitischer Diskussionsbedarf vor allem hinsichtlich solcher Vereine besteht, die steuerliche Privilegien in Anspruch nehmen, Spenden einsammeln oder als Idealvereine im Rahmen des so genannten Nebenzweckprivilegs als Wirtschaftsunternehmen tätig sind" (Deutscher Bundestag 2001, 5).

Diakonischer Corporate Governance Kodex

Viele Wohlfahrtsverbände haben mittlerweile einen Corporate Governance Kodex vorgelegt. Am Beispiel des Diakonischen Corporate Governance Kodex (DGK) vom Oktober 2005 sollen Inhalt und Funktionsweise erläutert werden.

Das Diakonische Werk begründet die Erarbeitung seines DGK wie folgt:

„Wer in dem sich weiter verschärfenden Wettbewerb auf dem Markt sozialer Dienstleistungen bestehen will, muss gut aufgestellt sein. Dies erfordert

- eine klare Organisationsstruktur innerhalb der Einrichtung,
- eine eindeutige Abgrenzung der Aufgaben und Funktionen der Organe,
- eine möglichst störungsfreie Kommunikation der Organe untereinander und
- Frühwarnsysteme zur Minimierung wirtschaftlicher Risiken" (DGK 2005, 5).

Ausführlich begründet der DGK, warum er zum Mittel eines explizit marktwirtschaftlichen Instruments greift, dessen Zweck es ursprünglich war, „[...] das Vertrauen der internationalen und nationalen Anleger [...] in die Leitung und Überwachung deutscher börsennotierter Aktiengesellschaften zu fördern" (Präambel des Diakonischen Corporate Governance Kodex). Doch auch wenn die Diakonie keine Aktionäre hat, sieht sie sich in der Verpflichtung, strukturelle Vorkehrungen zu treffen, damit sich die Öffentlichkeit, die Mitarbeitenden, die Politik und die Menschen, die die Diakonie mit ihren Spenden unterstützen, auf das ordnungsgemäße Geschäftsgebaren verlassen können.

Gedacht ist der DGK für Einrichtungen mit mehr als 50 Vollzeitkräften und einem Umsatz von mehr als 2 Mio. Euro. Kleinere Einrichtungen und Dienste werden aufgefordert, den DGK so weit wie möglich anzuwenden. Das Problem der Verbindlichkeit der Regelungen allerdings ist nicht einfach zu lösen: Beim Diakonischen Werk handelt es sich nicht um einen hierarchisch gegliederten Konzern, sondern um einen Dachverband vieler rechtlich unabhängiger Träger. Deshalb räumt der DGK ein:

Kompetenzbegrenzung

„Der DGK versteht sich als Regelungswerk, das durch eine Kompetenzabgrenzung der Organe und Vorgaben zur Kommunikation dieser Organe untereinander eine qualifizierte Arbeit der Einrichtungen ermöglicht. Er zielt auf ein hohes Maß an Verbindlichkeit ab. Die sinnvolle Beachtung des DGK setzt zumindest den Grad einer Selbstverpflichtung der jeweiligen Einrichtung voraus" (DGK 2005, 7).

Themenbereiche des DGK

Folgende Themenbereiche werden im DGK behandelt:

- Zusammenwirken der Organe der Einrichtung sowie der Einrichtung mit der Kirche
- Kompetenzen der Mitgliederversammlung
- Zusammenwirken von Vorstand und Aufsichtsgremium
- Vorstand
  - Aufgaben und Verantwortung
  - Vergütung des Vorstands
  - Interessenkonflikte
- Aufsichtsgremium
  - Zusammensetzung
  - Aufgaben
- Aufgaben und Befugnisse des/der Vorsitzenden des Aufsichtsgremiums
  - Vergütung des Aufsichtsrates
  - Interessenkonflikte
- Zusammenarbeit mit dem Spitzenverband
- Abschlussprüfung

Vorstand und Aufsichtsgremien

Da für unsere Frage nach dem normativen und strategischen Management die Kompetenzen des Vorstands und der Aufsichtsgremien interessant sind, seien diese hier genannt:

Der Vorstand

- leitet die Einrichtung in eigener Verantwortung;
- hat dafür zu sorgen, dass die satzungsmäßigen Zielvorgaben zur Erfüllung des Einrichtungsauftrags eingehalten werden;
- bestimmt die strategische Ausrichtung der Einrichtung;
- stimmt sie mit dem Aufsichtsgremium ab und sorgt für ihre Umsetzung;
- hat für die Einhaltung der gesetzlichen Bestimmungen zu sorgen und wirkt auf deren Beachtung hin;
- sorgt für ein adäquates Risiko- und Qualitätsmanagement in der Einrichtung;
- ist verantwortlich für die zeitnahe Aufstellung des Jahresabschlusses;
- ergänzt den Jahresabschluss und Zwischenberichte durch ein Berichtswesen;
- informiert das Aufsichtsgremium zeitnah über wichtige Ereignisse, die für die Beurteilung der Lage und Entwicklung der Einrichtung von wesentlicher Bedeutung sind (DGK 2005, 9).

Das Aufsichtsgremium
- berät, begleitet und überwacht den Vorstand;
- beteiligt sich nicht am operativen Geschäft;
- ist in Entscheidungen von grundlegender Bedeutung zeitnah einzubeziehen;
- ist für die Bestellung und die Ausgestaltung der Verträge der Vorstandsmitglieder verantwortlich;
- soll gemeinsam mit diesen für eine frühzeitige Nachfolgeregelung sorgen;
- hat alle Vertragsangelegenheiten bezogen auf die Mitglieder des Vorstands zu regeln;
- soll sich eine Geschäftsordnung geben;
- soll regelmäßig die Wirksamkeit seiner Tätigkeit reflektieren;
- informiert unverzüglich die Mitgliederversammlung über Tatsachen, die die Vermögens-, Finanz- und Ertragslage der Einrichtung grundlegend beeinflussen (DGK 2005, 10f).

Die Bewertung des DGK erfolgt mit dem St. Galler Managementsystem, das drei Dimensionen des Managements unterscheidet (normative, strategische und operative Dimension), die systematisch zu bearbeiten sind (Bleicher 2004).

Geregelte Aufgabenzuschreibung der Managementinstanzen

Zunächst ist eine geregelte Aufgabenzuschreibung der Managementinstanzen ein struktureller Rahmen, der sowohl Autonomie als auch deren Grenzen beschreibt. Im Sinne der St. Galler Managementlehre ist der DGK eine „Unternehmensverfassung", also ein Regelwerk, „[...] das die Grundrechte der Unternehmungsmitglieder allgemein sowie speziell ihrer Organe, insbesondere deren Beziehungen, Zustandekommen, Zusammensetzung, Zusammenwirken und Kompetenzverteilung" (Bleicher 2004, 192) festlegen soll.

Die Regelungen des DGK, die den Vorstand betreffen, beschreiben im Wesentlichen die operativen und strategischen Kompetenzen. Im Vorstand sind diese gebündelt und damit vom Einfluss ehrenamtlicher Vorstände getrennt. Diese haben keine derartigen Kompetenzen mehr und können insofern nicht direktiv in das operative Geschäft eingreifen. Damit wird eine Schwäche beseitigt, die von der Wissenschaft seit Langem angemahnt wurde (Klug 1997a, 183). Wichtig ist auch die Regelung zum Berichtswesen, die einer Forderung insbesondere der Öffentlichkeit nachkommt, die Intransparenz und Mauscheleien anprangerte.

Was der Vorstand an Freiraum gewinnt, scheint das Aufsichtsgremium zu verlieren. Dies ist einerseits notwendig, um operative Freiheit zu gewährleisten. Andererseits beschränken sich die Kompetenzen des Aufsichtsgremiums fast ausschließlich auf Auswahl und Begleitung der Aktivitäten des Vorstands. Es wird informiert, in grundsätzlichen Fragen „einbezogen", eine eigenständige Kompetenz in normativen Fragen wird kaum beschrieben. Dabei wäre dies im Sinne der zu bewältigenden Doppelaufgabe („Identitätsbewahrung und Weiterexistenz") eine zentrale Managementfunktion – und noch dazu eine, die nur von „milieunahen" Personen ausgeübt werden kann (182ff).

Eigenständige Kompetenzen des normativen Managements

Bleicher (2004) schlägt eigenständige Kompetenzen des normativen Managements vor, um die „Überwachungslücke" gerade im normativen Bereich abzubauen. Sonst – so Bleicher – entsteht bei zunehmender Professionalisierung des Managements die Gefahr, dass es nicht immer aus gesellschaftspolitischem (man könnte auch sagen: identitätssicherndem) und ökonomischem Bewusstsein gleichzeitig handelt (200).

Einzelmaßnahmen

Er nennt folgende Einzelmaßnahmen:

- Führen einer grundsätzlichen Zieldiskussion, losgelöst vom routinemäßigen Dialog, über strategische und operative Pläne und von Einzelmaßnahmen unter Einbezug von ethischen Fragestellungen
- Schaffung eines normativen Rahmens, der die langfristigen Zielsetzungen und allgemeine Verhaltensgrundsätze festlegt
- Kritisches Infragestellen von Prämissen der Unternehmungspolitik und der strategischen Planung sowie Beurteilung der Konsistenz von Vorhaben und gemeinsamen generellen Zielen und Verhaltensmustern
- Integration der Zustimmungsvorbehalte des Aufsichtsgremiums unter Abbau von rein juristisch, aber nicht unternehmenspolitisch relevanten Geschäften (201f)

Insgesamt erscheint der DGK ein durchaus richtiger Ansatz, insbesondere die Trennung der Kompetenzen, das Setzen auf hauptamtliche und professionelle Führung, das Festschreiben von Zuständigkeiten und die Fixierung von Berichtspflichten sind Ansätze, der häufig geübten Kritik an Kompetenzwirrwarr und Intransparenz zu begegnen. Insgesamt ist der DGK also ein durchaus geeignetes Werkzeug für das strategische Ziel der ökonomischen Existenzsicherung. Er gibt allerdings keine Antwort, wie das zweite strategische Ziel, die Identitätsbewahrung, erreicht werden soll. Es fehlt eine Kompetenzbeschreibung des normativen Managements, das im DCK faktisch nicht vorkommt. Insofern schließt der DCK nicht die Lücke, die ein fehlendes normatives Management lässt. Es bleibt zu untersuchen, ob die geführten Leitbilddiskussionen dies tun.

6.5.2 *Leitbild und Leitbilddiskussion*

Insbesondere in den 1990er Jahren wurde in den Wohlfahrtsverbänden die Leitbilddiskussion sehr intensiv geführt. Ebertz beschreibt die damalige Situation wie folgt:

> „Im immer lauter und dringlicher werdenden Ruf nach ‚Leitbildern', der seit einiger Zeit auch in den traditionellen Wandelgängen der Freien Wohlfahrtspflege erschallt, setzt sich vermutlich nicht nur eine von interessierten Sozialingenieuren und Sozialdesignern induzierte Mode durch. In diesem Ruf manifestiert sich vielmehr ein massiver Bedarf an institutioneller Selbstthematisierung, wenn nicht Neukanonisierung bzw. Neuaxiomatisierung der organisierten Diakonie und Caritas" (Ebertz 1996, 39).

Zu fragen ist, ob die Leitbilder und die um sie geführten Diskussionen die Erwartungen nach „Neukanonisierung bzw. Neuaxiomatisierung", also der Selbstvergewisserung und damit Identitätsstiftung, erfüllt haben.

Erwartungen an ein Leitbild

Was sind Leitbilder und wofür sollen sie da sein? Welche Erwartungen an ein Leitbild gestellt werden, beschreibt der damalige, für den Leitbildprozess des Deutschen Caritasverbands verantwortliche Präsident Puschmann:

> „Ein Leitbild ist das Produkt eines intensiven, länger dauernden Reflexionsprozesses. Es vermittelt in knapper Form ‚Grundsätze und Ziele für das tägliche Verhalten aller in der Organisation Tätigen' [Zitat von Peter Schwarz] und zeichnet für alle Außenstehenden ein Bild der Einrichtung oder des Verbandes. Ein Leitbild ist außerdem das oberste grundsätzlichste Führungsinstrument eines Verbandes' [ebd.]. Es ist also mehr als nur eine Broschüre, die für Zwecke der Werbung und der Öffentlichkeitsarbeit entwickelt wurde" (Puschmann 1996, 107).

Das Leitbild soll demnach Folgendes leisten:

- Auskunft über das „Proprium" geben, d. h. über den „Sinn" und das Selbstverständnis des Verbands

- Selbstaussage des Trägers, wer er ist und was er will, ohne dass er sich hinter überkommenen Worthülsen versteckt
- Beteiligung der Mitarbeiter als Zeichen dafür, dass sie als Mitbetroffene in ihrer Verantwortung ernst genommen werden
- Mitarbeiter im Alltag inspirieren, aufbrechende Konflikte bearbeiten, neue Mitarbeiter gewinnen

Zerfaß schlägt vier Leitfragen vor, die als Frageraster zur Erstellung eines Leitbildes weiterführen sollen:

- Woher kommen wir? (Frage nach der Ursprungsvision)
- Wohin wollen wir? (Frage nach Zielen)
- Was ist unser Umfeld? (Frage nach Anspruchsgruppen)
- Was können wir anders machen? (Frage nach Innovationen) (Zerfaß 1992)

Inhalte von Leitbildern

Viele Wohlfahrtsverbände haben mittlerweile Leitbilder vorgelegt. Am Beispiel des Leitbildes des Deutschen Caritasverbands (DCV) vom Mai 1997 sollen Inhalt und Idee erläutert werden:

Präambel

„Caritas ist konkrete Hilfe für Menschen in Not. Richtschnur ihrer Arbeit sind Weisung und Beispiel Jesu Christi. Die Hinwendung zu den Hilfebedürftigen und die Solidarität mit ihnen ist praktizierte Nächstenliebe. Sie ist zugleich Grundauftrag der Kirche. [...] Als Wohlfahrtsverband der katholischen Kirche wirkt der Deutsche Caritasverband an der Gestaltung des kirchlichen und gesellschaftlichen Lebens mit. Maßgebend für seine Tätigkeit sind der Anspruch des Evangeliums und der Glaube der Kirche. Durch sein Wirken trägt er zur öffentlichen Beglaubigung der kirchlichen Verkündigung bei. Als Spitzenverband der Freien Wohlfahrtspflege steht der Deutsche Caritasverband in der Mitverantwortung für die sozialen Verhältnisse in der Bundesrepublik Deutschland. Er läßt sich vom Bild einer solidarischen und gerechten Gesellschaft leiten, in der auch Arme und Schwache einen Platz mit Lebensperspektiven finden können" (Caritas 2003).

Ziele

- Den Menschen in seiner Würde schützen,
- solidarisch miteinander in einer pluralen Welt leben,
- Verpflichtung über Grenzen hinweg.

Aufgaben

- Caritasarbeit ist Hilfe für Menschen in Not.
- Der Deutsche Caritasverband versteht sich als Anwalt und Partner Benachteiligter.

- Die verbandliche Caritas gestaltet Sozial- und Gesellschaftspolitik mit.
- Der Deutsche Caritasverband trägt zur Qualifizierung sozialer Arbeit bei.

Theologische Grundlagen

- der menschenfreundliche Gott – Quelle der Caritas
- Jesus Christus und seine Botschaft – Auftrag und Ermutigung der Caritas
- der Heilige Geist – Lebenskraft der Caritas
- prophetischer Geist – Sehkraft der Caritas
- die diakonische Kirche – Lebens- und Wirkungsraum der Caritas
- eine große Tradition – Verpflichtung zu ständiger Erneuerung

Organisationsprofil

- Der Deutsche Caritasverband ist Vielfalt in Einheit.
- Der Deutsche Caritasverband ist Dachverband und Verein.
- Der Deutsche Caritasverband ist Teil der Sozialbewegung.
- Der Deutsche Caritasverband ist Dienstgeber.
- Der Deutsche Caritasverband pflegt einen partizipativen Führungsstil.
- Der Deutsche Caritasverband ist Dienstgemeinschaft.

Leistungsprofil

- Der Deutsche Caritasverband richtet sich in seinem Handeln nach den Grundsätzen der christlichen Sozialethik und der Soziallehre der Kirche.
- Der Deutsche Caritasverband erbringt seine Leistungen bedarfs- und sachgerecht.
- Der Deutsche Caritasverband leistet seine Dienste professionell.
- Der Deutsche Caritasverband erbringt seine Leistungen umweltgerecht.
- Der Deutsche Caritasverband arbeitet unternehmerisch.
- Der Deutsche Caritasverband setzt auf Zusammenarbeit.
- Der Deutsche Caritasverband bekennt sich zu Offenheit und Erneuerung.

Zwei in unserem Zusammenhang interessante Punkte aus dem „Leistungsprofil“ sollen herausgegriffen und konkretisiert werden:

a) „Der Deutsche Caritasverband erbringt seine Leistungen bedarfs- und sachgerecht.
Als Verband der Freien Wohlfahrtspflege erbringt der Deutsche Caritasverband soziale Dienstleistungen. Maßgebend für seine Leistungen sind die Nöte und Probleme der Hilfebedürftigen. [...] Die besondere Sorge des Deutschen Caritasverbandes gilt Menschen, die sonst nur unzureichende oder gar keine Hilfe erhalten, die sich ausgegrenzt und einsam fühlen und unter der Ablehnung durch andere leiden. Er ist bestrebt, neue Notsituationen frühzeitig zu erkennen und rechtzeitig Lösungen dafür zu finden [...]".

b) „Der Deutsche Caritasverband arbeitet unternehmerisch
Sein Handeln als soziales Dienstleistungsunternehmen ist bestimmt von seinen Zielen und Aufgaben. Seine Leistungen erbringt er nach den Grundsätzen der Wirksamkeit, Wirtschaftlichkeit und Sparsamkeit. Er macht sein wirtschaftliches Verhalten für die Öffentlichkeit transparent. Nicht zweckgebundene Mittel setzt er vorrangig für Aufgaben ein, denen er selbst Priorität einräumt und die nicht schon durch andere Angebote hinreichend gesichert sind. Als Dienstleistungsunternehmen hat der Deutsche Caritasverband arbeitsmarktpolitische Verantwortung. Er nutzt dafür den ihm verfügbaren arbeitsrechtlichen Gestaltungsspielraum".

Leitbild und Leitbildprozess lässt Fragen offen

Selbstverständlich kann hier nicht der gesamte Leitbildprozess reflektiert werden (Baldas 1997, 339ff). Weder über die Entstehungs- noch Wirkungsgeschichte liegen genügend empirische Daten vor, als dass diese in eine Bewertung eingehen könnten. Vielmehr soll lediglich vom Text her versucht werden, die für unseren Zusammenhang zentrale Frage zu beantworten: Trägt das Instrument des Leitbildes dazu bei, den gestellten Anforderungen (Identitätsbewahrung und wirtschaftliches Überleben) gerecht zu werden, indem es eine normative Antwort auf die Problemstellung gibt?

Auffallend ist zunächst: Die Frage bleibt weiterhin offen, wie der vielfach beschriebene Konflikt zwischen Ökonomie und Barmherzigkeit, Unternehmen und Anwaltschaft, Profil und Wirtschaftlichkeit normativ gelöst werden kann. Das beschriebene Leitbild stellt die verschiedenen Optionen nebeneinander, bietet aber keine theologische oder politische Begründung dafür, ob der Verband Unternehmer bleiben muss, oder ob er nicht beispielsweise sich auf eine reine Gemeinwohlstrategie zurückziehen könnte (Ottnad et al. 2000). Der derzeitige Bestand an Diensten ist damit der eigentliche „normative" Grundkonsens, ebenso unhinterfragt wie problematisch. Die Klärung, was der Verband eigentlich ist, was er sein will, was er unter Identitätsgesichtspunkten sein kann, wird vom Leitbild nicht geklärt; vielmehr ist zu erwarten, dass diese auf anderen Ebenen (wahrscheinlich im operativen Geschäft) stattfindet, normativ wird er nicht geklärt. Wenn aber allein das operative Geschäft richtungweisend für Bestand, Identität und Inhalt der Dienste ist, scheint entschieden, auf welche Seite der Waage zwischen Ökonomie und Tradition sich Wohlfahrtsverbände entwickeln.

Wenn diese These stimmt, und die „normative Kraft des Faktischen" zur eigentlichen Leitidee hinter dem Leitbild wird, ist damit das Gegenteil der Entwicklung eingetreten, die der damalige Caritas-Präsident Puschmann von der Leitbildentwicklung für die nächsten sechs Jahre nach Beschluss des Leitbildes erwartet hat: „Auf der Basis dieses Leitbildes", so Puschmann 1997,

> „muß sich der Deutsche Caritasverband weiterentwickeln und erneuert werden. Dies darf nicht durch den Druck des Faktischen fremdgesteuert werden, sondern muß als eigenständige Antwort auf die Fragen der Zeit erfolgen. Mit dem Mut zu Innovation, Veränderung und – wenn es sein muß – Widerstand gegen den Zeitgeist dort, wo dieser dem Menschsein schadet" (Puschmann 1998, 33).

Ob die Hoffnung, dass sich die Caritas beispielsweise gegen den liberalen Zeitgeist mit Hilfe des Leitbildes zur Wehr setzen kann, überzogen war oder nicht, kann hier nicht geklärt werden, die faktische Entwicklung des Caritasverbands jedenfalls war eher eine durchaus gelungene und überzeugende Adaption an den Zeitgeist.

Immer wieder wird neben dem (papiernen) Endergebnis dem Leitbildprozess als kommunikatives Ereignis eine identitätsstiftende Wirkung zugeschrieben, allerdings nur dann, wenn der Prozess mehr ist als eine Alibiveranstaltung. Die Herausforderung eines Leitbildprozesses, so die Psychologin und Unternehmensberaterin Plücken, liege darin, „[…] den Konflikt zwischen Anspruch und Realität zu lösen" (Plücken 2008, 17). Ob und wie aber werden die sozialstaatlich vorgegebenen Ziele (Wirtschaftlichkeit, Effizienz, Konkurrenz, Wettbewerb) einerseits und die kirchlich-karitativen Ziele (Anwaltschaft, Hinwendung zu den Verlierern, Vorrang der Menschen, die durch das Netz fallen) andererseits miteinander vereinbar gemacht, oder – weniger anspruchsvoll: Ob und wie kommen sie zumindest in Dialog? Eines ist klar: Wenn die Spannung zwischen dem Leitbild als Selbstanspruch und der Realität des Arbeitsalltags nicht überbrückbar ist, zerbricht das Leitbild oder der Mitarbeiter scheitert an der Realität. Insofern hat ein Leitbildprozess als dauernder, nie abgeschlossener Dialog eine Chance, wenn in der Unternehmenskultur Raum und Zeit ist, die Diskrepanzen anzusprechen und Leitbild oder Verhalten zu ändern.

Insofern wäre eine interessante Fragestellung, ob das Leitbild ernst genommen wird. Die Überprüfung des im Caritas-Leitbild geforderten Grundsatzes „Nicht zweckgebundene Mittel setzt er vorrangig für Aufgaben ein, denen er selbst Priorität einräumt und die nicht schon durch andere Angebote hinreichend gesichert sind", wäre hier vielleicht auch der Ansatzpunkt für ein „normatives Management".

Mangelhafte Überprüfung des Leitbilds

Dass die Überprüfung der Realisierung des Leitbildes in der empirisch überprüften Wirklichkeit offensichtlich sehr häufig nicht geschieht, stellt Heller bei kirchlichen Krankenhäusern fest. Seine Beobachtung:

> „Viele kirchliche Häuser haben Leitbilder erstellt, damit sich nichts ändert. Die Leitbildtexte werden schubladisiert und als Hochglanzbroschüren verbreitet. Faktisch haben die Inhalte und Visionen keinen orientierenden und stimulierenden Charakter für den Alltag, die Arbeitsprozesse werden nicht relevant in Projekten und Modellen. Die Arbeit wird nicht ausgewertet und nicht auf das Leitbild bezogen" (Heller 2003, 265f).

Auch Ebertz ist grundsätzlich gegenüber der „Leitbildnerei" als Möglichkeit der Versöhnung von Tun und Vision angesichts der Rahmenbedingungen skeptisch. Er betont,

> „[...] dass die Chancen der erfolgreichen Bewältigung einer solchen Aufgabe, die letztlich auf ein neues Miteinander von Kompetenz, Konfessionalität und Engagement zielt, [...] kaum als beträchtlich eingeschätzt werden [können]" (Ebertz 1996, 50).

Die Organisationspsychologie hingegen ist etwas optimistischer. Sie findet die Chance eines Leitbildes hauptsächlich in dem identitätsbildenden Prozess des Dialogs, insofern er

- diskursiv angelegt ist,
- Folgen für die Organisationsprogrammatik hat und
- innerhalb der Organisationsabläufe eine arbeitsrelevante Orientierung darstellt (Rebstock 1988, 227; Heller 2003, 263ff).

Das bedeutet praktisch: Ein Leitbild muss sowohl partizipativ entstehen als auch fortlaufend diskutiert und vermittelt werden (Bleicher 2004, 275), seine gestaltende Kraft muss spürbar sein, es muss schließlich Instanzen geben (normatives Management), die dafür Sorge tragen, dass das Leitbild Realität wird und neben den wirtschaftlichen Interessen auch die Identitätsinteressen gewahrt werden.

6.6 Zusammenfassende Bewertung

Die Anforderungen sind ebenso komplex wie widersprüchlich: Wohlfahrtsverbände sollen agieren wie Unternehmer, gleichzeitig aber wie „Gemeinwohl-Agenturen" auftreten. Sie sollen die „guten Risiken" (Finanzkräftige) suchen, gleichzeitig aber die „schlechten Risiken" (Modernisierungsverlierer) nicht vermeiden. Diese Situation wurde an anderer Stelle als „Handlungsklemme" bezeichnet (Klug 1997a, 26ff). Im Folgenden soll mit Hilfe des St. Galler Managementmodells (Bleicher 2004) versucht werden, die gegenwärtigen Reaktionsmuster der Verbände zu bewerten. Wie immer ist zu betonen, dass eine solche Analyse der dezentralen, heterogenen und äußerst vielgestaltigen Organisationsform der Wohlfahrtsverbände nur holzschnittartig gerecht werden kann. In der Tendenz decken sich die Bewertungen weitgehend mit denen, die derzeit wissenschaftlich vertreten werden (z. B. Dahme et al. 2005).

Handlungsklemme

Im operativen Management, auf der Ebene, wo faktisch Entscheidungen fallen, beherrscht das wirtschaftliche Paradigma das Denken und Handeln. Der Grund für diese Entwicklung liegt auf der Hand: Es ist der faktische Zwang zum Überleben, der zu wirtschaftlichen Instrumenten zwingt. Die ökonomische Transformation der Wohlfahrtsverbände hat hier in wenigen Jahren neue Instrumente, neues Denken und sicher auch neue Führungskulturen mit sich gebracht. In ökonomischer Hinsicht haben sich die Wohlfahrtsverbände als wandlungsfähig erwiesen, was ihnen noch vor wenigen Jahren kaum jemand zugetraut hätte. Auf der operativen Ebene verlieren damit klassische korporative Verbündungen ihre Bedeutung: Je mehr der staatliche Partner von der ehemals quasi-monopolistischen Partnerschaft zu den Verbänden abrückt, desto mehr verliert der „Partner" Staat auch für die Verbände an Bedeutung. Die früher fast üblichen Doppelfunktionen als Abgeordneter oder Landrat und Vorstand eines Wohlfahrtsverbands wird eher zu einer Belastung und nicht mehr zum Markenzeichen. Der Staat ist natürlich in seiner Rolle als

Partner Staat verliert an Bedeutung

Gesetzgeber nach wie vor bedeutend, aber so, wie dies für alle anderen Wirtschaftszweige auch der Fall ist.

Das strategische Management ist derzeit fast vollständig auf die Implementierung sozialwirtschaftlicher Steuerungsinstrumente ausgerichtet. Dies zeigt sich an den großen Anstrengungen im Bereich des Qualitätsmanagements und der Zertifizierungssysteme, die in den Verbandszentralen eingerichtet werden: „Qualitätssicherung wird damit tendenziell zum Instrument der Erzeugung identifizierbarer Markenzeichen konkurrierender Großunternehmen" (Dahme et al. 2005, 84). Gleichzeitig fehlt trotz des steigenden Drucks der Märkte noch immer ein schlüssiges Konzept für den Gesamtverband: Zusammen mit markttauglichen Strukturen müssen andere Dienste der Wohlfahrtsverbände, die nicht nach marktwirtschaftlichen Prinzipien operieren, ihren Platz finden. Die derzeit strittige Frage der Organisationsstrukturen berührt vorwiegend die strategische Dimension: Wie sollen sich die Strukturen aufgrund welcher Zielvorgabe weiterentwickeln? Hinter den wirtschaftlichen Strategien treten die sozialpolitischen zurück und werden wohl in der Zukunft hauptsächlich von den Dachverbänden verfolgt werden, die ihrerseits keine Träger von Einrichtungen sind. Dies könnte die Spaltung zwischen Trägerinteressen und Dachverbänden weiter vertiefen, gleichzeitig aber die politische „Macht" der Verbände schwächen. Deren Rolle würde wohl mehr und mehr auf „Monitoring" beschränkt bleiben, ihr Einfluss auf die Gestaltung von Leistungsgesetzen würde – wie bei den Hartz-Gesetzen beispielhaft dargestellt – deshalb geschwächt sein, weil ihre Doppelrolle sie in eine permanente „Double-Bind"-Situation bringt. Auch hier scheint die Entwicklung weniger der strategischen Zielvorgabe als vielmehr der normativen Kraft des Faktischen zu gehorchen.

Wenn aber von „Zielvorgabe" die Rede ist, betrifft dies den Bereich des normativen Managements. Die Konzentration im operativen und strategischen Management auf ökonomische Sicherung und die offenkundige Vernachlässigung von normativen Fragestellungen lässt auf entscheidende Defizite in der normativen Ebene schließen: Die Verbände sind sich mehr und mehr ihrer eigenen Werte und Ziele unklar. Dahme et al. (2005) drücken dies drastisch aus:

„Dabei ist festzustellen, dass ausformulierte und diskutierte verbandspolitische Strategien zur Bewältigung der neuen Herausforderungen weitgehend fehlen. Die Aktivitäten sind daher kein Resultat einer verbandspolitischen Modernisierungsstrategie bzw. einer Stärken-Schwächen-Analyse durch die Verbände und ihre Mitgliedsorganisationen, sondern sie reagieren lediglich auf externe, sozialrechtlich erzwungene Veränderungsprozesse. Wir sprechen vor dem Hintergrund dieses Befundes von einer halbierten Modernisierung, die sich lediglich auf die eingesetzten Mittel, nicht aber auf gemeinsam definierte Zielsetzungen bezieht" (Dahme et al. 2005, 248).

Halbierte Modernisierung

Unserer Analyse zufolge kommt die „halbierte Modernisierung" deshalb zustande, weil im Zuge der sozialrechtlich erzwungenen, politisch gewollten und inhaltlich wohl auch nötigen Ökonomisierung alle identitätsbezogenen, traditions- und wertorientierten Fragestellungen auf imaginäre Diskurse (z. B. Ethik-Seminare für Führungskräfte) „verlagert" wurden, nicht aber in ein normatives Management überführt wurden. Gerade aber das normative Management hat für eine Non-Profit-Organisation eine zentrale Funktion: „In der Unterscheidung zwischen normativem und strategischem Management fällt dem normativen Management eine sinnstiftende und handlungsbegründende Rolle zu" (Lohmann 1997, 209).

Als der Deutsche Caritasverband vor über zehn Jahren sein 100-jähriges Jubiläum feierte, hielt Walter Fürst eine Rede, die nach wie vor Gültigkeit hat. Aus ihr soll abschließend zitiert werden, um deutlich zu machen, welche Chancen in der Balance zwischen Ökonomie und Wertorientierung liegen:

„Für den DCV geht es heute nicht nur um eine ökonomische Herausforderung seines Managements, nicht nur um Modernisierung im Sinne einer Reorganisation, womöglich durch Splitting der Caritaseinrichtungen in einen marktgerechten und einen authentisch caritativen Sektor. Solche Maßnahmen, so plausibel sie im Einzelfall sein mögen, greifen letztlich doch zu kurz. Es geht um die sozial erforderliche und christlich begründete Ermöglichung personaler Teilnahme von Menschen an den individuellen Nöten und Leiden anderer Menschen und deren gemeinsame Überwindung" (Fürst 1998, 18).

Nicht nur europapolitisch ist es demnach von größter Bedeutung, die besondere – nämlich zivilgesellschaftliche – Rolle der Wohlfahrtsverbände nicht nur zu behaupten, sondern nachzuweisen, indem konkrete solidaritätsstiftende (und eben nicht nur vollfinanzierte) innovative Modelle zur Bekämpfung von Armut und Ausgrenzung entwickelt werden. Mit dem Prinzip des „Vorranges der Hilfe für arme und ausgegrenzte Menschen" und seiner konkreten Verwirklichung würden die Wohlfahrtsverbände nicht nur in Deutschland, sondern auch in Europa Maßstäbe setzen und sich mit diesem „Mehrwert“ selber den größten Dienst erweisen: Es würde nämlich beweisen, dass Wohlfahrtsverbände auch in Zukunft unverzichtbar und nicht durch reine kommerzielle Marktakteure ersetzbar sind (vgl. auch Spiegelhalter 1996).

6.7 Neue Leistungen, Strukturen und verändertes Selbstverständnis

Mit dem St. Galler Managementmodell lassen sich abschließend noch drei weitere strittige Fragen klären:

- Die Frage nach der Positionierung und dem Leistungsportfolio von Wohlfahrtsverbänden
- Die Frage nach Strukturen und Unternehmensentwicklung
- Die Frage nach dem Selbstverständnis von Wohlfahrtsverbänden

6.7.1 Positionierung und Leistungen

Normativen Gehalt der Leistungen verdeutlichen

Die Palette der Dienstleistungen als operative Umsetzung eines bestimmten Selbstverständnisses ist gemäß des St. Galler Managementmodells nicht willkürlich. Sie muss an den Werten der NPO gemessen werden und deren Prioritäten entsprechen. Konkret heißt dies, dass der normative Gehalt von NPOs an ihrem Leistungsportfolio und der Art, wie sie die Leistung erbringen, erkennbar sein muss. Dies soll an drei Versuchen zur Positionierung von NPOs verdeutlicht werden:

Umfassende Partizipation

1. Die Alleinstellungsmerkmale von NPOs – also das, worin sie sich von kommerziellen Anbietern abheben – müssen in ihrem Handeln deutlich zum Vorschein kommen. Eines dieser Alleinstellungsmerkmale ist das Thema umfassende „Partizipation“. Am Grad der Partizipation, so Petersen und Piel, kann deutlich die normativ geprägte Einstellung zum Klienten abgelesen werden: Psychotherapeuten und Ärzte lassen ihre Klienten aus systematischen Gründen nicht partizipieren, weil sie sich als Experten verstehen und ihre Patienten primär als hilfsbedürftig definieren. Geschäftsleute beteiligen ihre Kunden am Dienstleistungspro-

zess lediglich mit der Absicht einer Verkaufsresonanz. NPOs dagegen beteiligen ihre Klientel mit dem Ziel des echten und umfassenden „Empowerments“:

> „Participation includes not only political activities but also, above all, the (re)established self-determination of the circumstances of clients' every day life, as the effect of activating professional ‚empowerment strategies', which will overcome clients' powerlessness and resignation“ (Petersen/ Piel 1998, 388).

Damit unterscheiden sich die Leistungen von Wohlfahrtsverbänden klar von den Leistungen, die Spezialisten, Experten oder kommerzielle Anbieter erbringen, wobei nicht in Abrede gestellt werden soll, dass auch diese professionell sind.

Politische Lobby-Funktion

2. Die etwas andere Art der Partizipation gilt besonders für das politisch verstandene Empowerment. In ihrer Selbstsicht sind Wohlfahrtsverbände intermediäre Einrichtungen, d.h. sie sind eine Art „Lobby“ für die Interessen der Ausgegrenzten. In ganz besonderer Weise nehmen sie für sich in Anspruch, die Betroffenen wieder am politischen Geschehen zu beteiligen. Diese Lobby-Funktion ist ein weiteres Alleinstellungsmerkmal und darf daher in der Leistungserstellung nicht verloren gehen. Deshalb ist es notwendig, das Verhältnis zum Staat neu zu justieren: Wie positioniert sich ein Wohlfahrtsverband in Bezug auf den Staat und gegenüber gesellschaftlichen Minderheiten? Wie steht er zur Politik der Armutsbekämpfung der nationalen Regierungen? Was tun die Wohlfahrtsverbände, um gerade im Bereich der politischen Armutsbekämpfung Terrain zu gewinnen?

Positionierung gegenüber sozialen Bewegungen

3. Angesichts der Anforderungen des Marktes kann zudem leicht übersehen werden, worin eigentlich das „Proprium“ eines Wohlfahrtsverbands besteht, das heißt das, was ihn ausmacht und worin eigentlich seine Rolle im Sozialstaat der Zukunft liegt: in der Bildung von sozialem Kapital. Abgesehen von einer deutlichen Abgrenzung von den Leistungen kommerzieller Anbieter und der nötigen Neujustierung des Verhältnisses zum Staat ist eine klare Positionierung gegenüber den sozialen Bewegungen (z.B. Selbsthilfegruppen, Bürgerschaftliche Bewegungen) gefragt. Dort entstehen wichtige Quellen sozialer Unterstützung, die bei der Bewältigung von Krisen wie Krankheit, Trennung, Tod oder der praktischen Alltagsbewältigung von zentraler Bedeutung

sein können. Die Absicht von Wohlfahrtsverbänden sollte hier sein, nicht neben oder gegen Netzwerke von Betroffenen zu arbeiten, sondern sie erkennbar zu fördern. Initiierung und Begleitung von Selbsthilfegruppen als Arbeitsprinzip in allen spezifischen Arbeitsfeldern, Selbsthilfe-Kontaktstellen, neue Formen von Suche, Schulung, Einsatz und Begleitung von Freiwilligen sind einige der Möglichkeiten, die unverzichtbar für die Glaubwürdigkeit des solidarischen Anliegens der Wohlfahrtsverbände sind.

6.7.2 Strukturen und Unternehmensentwicklung

Trennung von marktfähigen und nichtmarktfähigen Leistungen

Im Zusammenhang mit der Selbstverständnisdebatte ist eine Frage offen geblieben, die jetzt beantwortet werden kann: die Frage nach organisatorischer Trennung von marktfähigen und nichtmarktfähigen Diensten bzw. deren fortdauernder Einheit. Je mehr sich im europäischen Kontext der funktionale Unternehmensbegriff durchsetzt, der wirtschaftlich operierende Geschäftsteile wie Wirtschaftsunternehmen mit allen Konsequenzen behandelt, desto mehr wird eine organisatorische Trennung notwendig werden, will nicht die Gesamtorganisation ihren gesetzlichen Status verlieren. Wenn beispielsweise den Teilen, die als Wirtschaftsunternehmen definiert sind, die Gemeinnützigkeit aberkannt wird, ist es unvernünftig, dies für die Gesamtorganisation in Kauf zu nehmen, nur, um die Einheit bewahren. Vielmehr gilt hier die Notwendigkeit, für die nichtmarktfähigen Teile Gemeinnützigkeit und andere steuerliche Privilegien zu erhalten (z. B. Spendenprivileg), während sie für die wirtschaftlichen Bereiche aufgegeben werden müssen. Die Strategie vieler Verbände, die sich eindeutig zum Unternehmertum bekennen, läuft auf eine Trennung der unternehmerischen von den nichtunternehmerischen Bereichen hinaus.

Die Arbeiterwohlfahrt diskutiert derzeit eine Trennung von unternehmerischen und verbandlichen Bereichen. Es wird mit breiter Beteiligung ein neues Grundsatzprogramm diskutiert, dessen Entwurf folgende Passage enthält: „Die Verantwortung für die Führung der im Wettbewerb stehenden sozialen Einrichtungen/Betriebe wird vom Grundsatz her außerhalb des AWO-Mitgliederverbandes in rechtlich eigenständigen AWO-Unternehmen organisiert“ (AWO 2006, 5).

Die Vorteile dieses Vorschlags erscheinen klar:

Klare Handlungslogik

- Durch die Trennung könnten die marktwirtschaftlichen Unternehmen nach einer klaren, rein marktwirtschaftlichen und nur in begrenztem Maße solidarischen Handlungslogik operieren. Sie können Geld verdienen, ohne dass dies im Sinne von Anwaltschaft oder Spendenmarketing anrüchig ist.

Professionelles Management

- Durch eine Entflechtung werden die bislang auch für das operative Geschäft tätigen ehrenamtlichen Vorstände der Kreis- und Ortsverbände durch professionelle Manager abgelöst. Den Ehrenamtlichen bleibt der Mitgliederverband mit all seinen Aufgaben, z. B. auch die Führung der nicht im Wettbewerb stehenden Einrichtungen.

Leistungsorientierte Löhne

- Eine marktwirtschaftliche Ausrichtung könnte Abschied nehmen vom Tarifsystem des öffentlichen Dienstes.

Marktwirtschaftliche Ausrichtung

- Ebenso verhält es sich mit marktwirtschaftlichen Unternehmensstrukturen (z. B. GmbH, Aktiengesellschaft, Franchise-Modelle, Unternehmensholding): Sie könnten problemlos und ohne Imageverlust eingeführt werden.

Reinvestition erwirtschafteter Überschüsse

- Einsatz der erwirtschafteten Überschüsse für Non-Profit-Dienste: Auch ein marktwirtschaftlicher Dienst steht selbstverständlich unter der Prämisse, eine Organisation eines Wohlfahrtsverbands zu sein, was ihn nicht am Geldverdienen, wohl aber an privatwirtschaftlicher Geldentnahme hindert. Seine erwirtschafteten Gewinne werden für andere gemeinwohlorientierte Dienste verwendet.

Allerdings weisen die Befürworter der Einheit auf eine zu bewältigende strategische Herausforderung für die Unternehmensentwicklung hin: das Problem der Kohäsion der Gesamtorganisation. Ihre Befürchtung, dass die Eigendynamik die unterschiedlichen Unternehmensteile auseinandertreibt, ist nicht von der Hand zu weisen. Neben den möglichen juristischen Konstruktionen (Holding, Franchise) kann die Entscheidung, Organisationsteile zu trennen oder nicht, nur im Zusammenhang mit der Stärkung der normativen Ebene getroffen werden. Nur wenn eine gemeinsame, über ein Leitbild vermittelte Identität die marktfähigen und nichtmarktfähigen Bereiche einer sozialwirtschaftlichen Organisation zusammenhält, wird es möglich sein, sie als einheitliches Unternehmen ohne Gefahr des Auseinanderdriftens zu entwickeln – auch wenn sie getrennt operieren. Das setzt voraus, dass die Vorstände ihre normative Funktion wahrnehmen, sich aber, wenn sie ehrenamtlich sind, aus dem operativen Geschehen herausnehmen. Eine weitere Voraussetzung ist, dass die einzelnen, nach unterschiedlicher Logik operierenden Unternehmensteile die Freiheit haben, in dieser spezifischen Logik zu arbeiten.

6.7.3 Selbstverständnis und die Frage nach dem Sinn

Selbstverständnis bei verändertem Portfolio

Das Selbstverständnis eines Wohlfahrtsverbands wird derzeit herausgefordert durch die in Europa in allen Bereichen dominierende Marktlogik und deren Dynamik. In dieser Situation ist insbesondere die eigene Legitimationsgrundlage gefragt. Die Herausforderung besteht nun darin, das Selbstverständnis auch dann zu wahren, wenn Marktdienste einen bedeutenden Part im Leistungsportfolio einnehmen.

Tab. 4: Handlungsoptionen der Wohlfahrtsverbände

Handlungsalternativen	Realisierungschance
Festhalten am Status Quo • (Ignorieren der europäischen Herausforderung; Festhalten am „Subsidiaritätsprinzip")	Gering • (wirtschaftliche Dynamik in der EU, hohes Risiko, vom Markt zu verschwinden)
Verbindung von Markt- und Gemeinwohlstrategie • (Einlassen auf Marktprozesse; Trennung der Bereiche in marktwirtschaftliche und nichtmarktwirtschaftliche)	Hoch • (wenn interne Identitätskonflikte mittels Leitbildprozesse und normativem Management moderiert werden)
Gemeinwohlstrategie • (Rückzug von marktwirtschaftlichem Geschäft, Beschränken auf gemeinwohlorientierte Dienste)	Hoch • (hohe Identität als NPO, verbunden in manchen Ländern mit massivem Abbau von Leistungen)
Ausschließliche Marktorientierung • (Konzentration auf Marktdienste, Vernachlässigen oder Trennung von gemeinwohlorientierten Diensten)	Gering • (Identitätsverlust zu erwarten, Profil ist immer weniger von Kommerziellen zu unterscheiden)

Für das Selbstverständnis ist zentral zu wissen, was letztlich die Identität ausmacht, oder noch einfacher gesagt, was verzichtbar ist und was nicht.

Der Prozess der Unternehmensentwicklung, der für viele Wohlfahrtsverbände gleichzeitig ein Austarieren des Leistungsmix' aus allen Sektoren bedeutet, ist nach allem, was wir derzeit beobachten können, schwierig. Denn es heißt, die wirtschaftliche Logik für die Ziele zu nutzen, ohne sich ausschließlich mit ihr zu identifizieren oder betriebswirtschaftliche Modelle blind zu übernehmen. Diese Aufgabe betrifft insbesondere das normative und das strategische Management.

Für die Organisationsentwicklung stellt sich deshalb die Aufgabe, den Wandlungsprozess so zu gestalten, dass marktwirtschaftliche Anforderungen und die Bewahrung der Identität als solidaritätsstiftender Wohlfahrtsverband verbunden werden. Dabei wird es darauf ankommen, das Problemlösungspotenzial der Organisationsmitglieder und seiner Stakeholder zu aktivieren, Konsensbildung bei allen Betroffenen zu ermöglichen und die Grenze zwischen denen, die Unternehmensentscheidungen zu treffen haben und denen, die von diesen Entscheidungen betroffen sind, nicht zu strikt zu ziehen. Nur so kann man davon ausgehen, dass die Anpassungs- und Handlungsfähigkeit der Stakeholder der Organisation (Klienten, Mitarbeiter, Spender, Freiwillige) gestärkt wird und die Anpassung im Konsens gelingt.

Literatur

Anwar, A. (2007): Netz oder Hängematte? Gehen die Sozialreformen zu weit? Tagesspiegel 25.10.2007. In: http://www.tagesspiegel.de/politik/;art771,2406408, 10.09.2008

AO – Abgabenordnung in der Fassung der Bekanntmachung vom 1. Oktober 2002 (BGBl. I S. 3866; 2003 I S. 61), zuletzt geändert durch Artikel 7a des Gesetzes vom 13. August 2008 (BGBl. I S. 1690). In: http://www.gesetze-im-internet.de/bundesrecht/ao_1977/gesamt.pdf, 13.11.2008

AWO (2008a) – Arbeiterwohlfahrt Bundesverband e. V. (Hrsg.): Die Geschichte der Arbeiterwohlfahrt. In: http://www.awo.org/awo-deutschland/geschichte.html, 12.11.2008

– (2008b) – Arbeiterwohlfahrt Bundesverband e. V. (Hrsg.): Grundsätze und Eckpunkte zur Verbandsentwicklung. In: http://www.awo.org/awo-deutschland/grundsaetze-verbandsentwicklung.html, 12.11.2008

– (2008c) – Arbeiterwohlfahrt Bundesverband e. V. (Hrsg.): Dienstleistungen der AWO. In: http://www.awo.org/nc/dienstleistungen.html, 12.11.2008

– (2008d) – Arbeiterwohlfahrt Bundesverband e.V. (Hrsg.): Die AWO in Zahlen. In: http://www.awo.org/awo-deutschland/zahlen-und-fakten.html, 12.11.2008

– (2008e) – Arbeiterwohlfahrt Bundesverband e. V. (Hrsg.): Leitsätze und Leitbild der Arbeiterwohlfahrt. In: http://www.awo.org/awo-deutschland/leitbild.html, 12.11.2008

– (2007) – Arbeiterwohlfahrt Bundesverband e. V. (Hrsg.): Grundsätze und Eckpunkte zur Verbandsentwicklung der AWO. In: http://www.awo.org/fileadmin/user_upload/_temp_/Grundsaetzepapier_nach_Konferenz_25.6.2007.pdf, 20.11.2008

– (2006) – Arbeiterwohlfahrt Bundesverband e. V. (Hrsg.): Grundsätze und Eckpunkte zur Verbandsentwicklung der AWO. In: http://www.awo.org/pub/verbd_einr/oe/oe-grundsatzpap/caarticle_file_download/elem2/Grundsaetzepapier_Ergebnisse2.pdf, 15.01.2007

Bäcker, G., Naegele, G., Bispinck, R., Hofemann, K., Neubauer, J. (2008a): Sozialpolitik und soziale Lage in Deutschland – Band 1: Grundlagen, Arbeit, Einkommen und Finanzierung. 4. überarb. u. erw. Aufl. VS Verlag, Wiesbaden

– (2008b): Sozialpolitik und soziale Lage in Deutschland – Band 2: Gesundheit, Familie, Alter und Soziale Dienste. 4. überarb. u. erw. Aufl. VS Verlag, Wiesbaden

Badelt, C. (Hrsg.) (2002): Handbuch der Nonprofit Organisation – Strukturen und Management. 3. überarb. u. erw. Aufl. Schäffer-Poeschel Verlag, Stuttgart

BAG (1985) – Bundesarbeitsgemeinschaft der Freien Wohlfahrtspflege (Hrsg.): Die Spitzenverbände der Freien Wohlfahrtspflege – Aufgaben und Finanzierung. Freiburg

BAGFW (2008a) – Bundesarbeitsgemeinschaft der Freien Wohlfahrtspflege e. V. (Hrsg.): Freie Wohlfahrtspflege in Deutschland. In: http://www.bagfw.de/?id=338, 28.08.2008

– (2008b) – Bundesarbeitsgemeinschaft der Freien Wohlfahrtspflege e. V. (Hrsg.): Freie Wohlfahrtspflege – unabhängig und gemeinnützig. In: http://www.bagfw.de/?id=341, 28.08.2008

– (2008c) – Bundesarbeitsgemeinschaft der Freien Wohlfahrtspflege e. V. (Hrsg.): Geschichte der Freien Wohlfahrtspflege in Deutschland. In: http://www.bagfw.de/?id=339, 28.08.2008

– (2008d) – Bundesarbeitsgemeinschaft der Freien Wohlfahrtspflege e. V. (Hrsg.): Satzungsmäßige Aufgaben. In: http://www.bagfw.de/?id=104001000036, 26.08.2008

– (2006) – Bundesarbeitsgemeinschaft der Freien Wohlfahrtspflege e. V. (Hrsg.): Einrichtungen und Dienste der Freien Wohlfahrtspflege Gesamtstatistik 2004. Berlin
– (2006a) – Bundesarbeitsgemeinschaft der Freien Wohlfahrtspflege e. V. (Hrsg.): Schriftliche Stellungnahme der in der Bundesarbeitsgemeinschaft der Freien Wohlfahrtspflege (BAGFW) zusammenarbeitenden Spitzenverbände. In: http://www.bagfw.de/common/popups/download.php?id=104001000021, 20.11.2008
– (2006b) – Bundesarbeitsgemeinschaft der Freien Wohlfahrtspflege e. V. (Hrsg.): Selbstverständnis und Aufgaben der Freien Wohlfahrtspflege in Deutschland. In: http://www.bagfw.de/media/PDF/BAGWF_Selbstverstaendnis papier.pdf, 22.11.2008
– (2004) – Bundesarbeitsgemeinschaft der Freien Wohlfahrtspflege e. V. (Hrsg.): Einrichtungen und Dienste der Freien Wohlfahrtspflege Gesamtstatistik 2004. In: http://www.bagfw.de/media/artikel/medien_1/721764fcbb85608eb04630433a96d5cf.pdf, 10.10.2008
– (2002) – Bundesarbeitsgemeinschaft der Freien Wohlfahrtspflege e. V. (Hrsg.): Die Freie Wohlfahrtspflege – Profil und Leistungen. Lambertus, Freiburg im Breisgau
Baldas, E. (1997): Das Leitbild der DCV-Wegweisung für die Caritas-Zukunft – Den Leitbildprozess in der Selbstdarstellung des Verbandes. In: Caritas. Zeitschrift für Caritasarbeit und Caritaswissenschaft. 98. Jg., 7, 339–343
Bangert, C., Roth, N. (2007): Das „Wohlfahrtskartell" und andere Mythen. In: Neue Caritas. 108. Jg., 5, 21–25
–, Barenbrügge, D. (2007): Unternehmen der Caritas erwarten wirtschaftliche Probleme. In: Neue Caritas. 108. Jg., 4, 17–22
Bauer, M. W., Knöll, R. (2003): Die Methode der offenen Koordinierung: Zukunft europäischer Politikgestaltung oder schleichende Zentralisierung? In: Aus Politik und Zeitgeschichte 01-02, 33–38
Bayerische Sozialnachrichten (2008): Mitteilungen der Landesarbeitsgemeinschaft der Öffentlichen und Freien Wohlfahrtspflege in Bayern 3, 16
Becker, T., Schwengers, C. (2007): Sozialmonitoring. Zum Leben reicht das Geld nicht aus. In: Neue Caritas. 108. Jg., 21, 20–23
Bergmann, C. (1999): Opening Remarks. In: Dokumentation Internationale Konferenz „Wertigkeit und Wandel von Wohlfahrtsverbänden in einem vereinten Europa". Brüssel, 17.12.1999, 8–11
BGB – Bürgerliches Gesetzbuch in der Fassung der Bekanntmachung vom 2. Januar 2002 (BGBl. I S. 42, 2909; 2003 I S. 738), zuletzt geändert durch Artikel 1 des Gesetzes vom 23. Oktober 2008 (BGBl. I S. 2022). In: http://www.gesetze-im-internet.de/bgb/BJNR001950896.html, 13.11.2008
Biehler, A. (1997): Das europäische Vereinsrecht. Eine rechtliche Analyse aus Sicht der freien Wohlfahrtspflege in Deutschland. In: Blätter der Wohlfahrtspflege, 144. Jg., 7+8, 161–163
Bleicher, K. (2004): Das Konzept Integriertes Management. 7. Aufl. Campus Fachbuch, Frankfurt/New York
BMFSFJ (1998) – Bundesministerium für Familien, Senioren, Frauen und Jugend (Hrsg.): Das Ehrenamt in empirischen Studien – ein sekundäranalytischer Vergleich. Stuttgart et al.
– (1994) – Bundesministerium für Familien, Senioren, Frauen und Jugend (Hrsg.): Prospektive Pflegesätze im Bundessozialhilfegesetz. Stuttgart et al.
BMWI (2008) – Bundesministerium für Wirtschaft und Technologie (Hrsg.): Dienstleistungsrichtlinie. In: http://www.dienstleistungsrichtlinie.de, 10.11.2008
Boeckh, J., Huster, E. U., Benz, B. (2006): Sozialpolitik in Deutschland – Eine systematische Einführung. 2. akt. Aufl. VS Verlag, Wiesbaden
Boeßenecker, K. H. (2005): Spitzenverbände der Freien Wohlfahrtspflege. Eine Einführung in Organisationsstrukturen und Handlungsfelder der deutschen Wohlfahrtsverbände. Juventa Verlag, Weinheim
BPA (2008) – Bundesverbandes privater Anbieter sozialer Dienste e. V. (Hrsg.): Stellungnahme zum Gesetzentwurf der Bundesregierung für ein Gesetz zur weiteren Stärkung

des bürgerschaftlichen Engagements. In: http://www.bpa.de/upload/public/doc/bpa-stellungnahme_gemeinnuetzigkeitsrecht.pdf, 20.11.2008
– (2004) – Bundesverband privater Anbieter sozialer Dienste e. V. (Hrsg.): Hartz IV: Private Anbieter fordern gleiche Chancen bei 1-Euro-Jobs. Pressemitteilung vom 2.9.2004. In: http://www.bpa.de/upload/public/doc/hartz_iv_146.pdf, 20.11.2008
BSHG – Bundessozialhilfegesetz zuletzt geändert durch Art. 7 G v. 23.12.2002. Außer Kraft ab 01.01.2005 nach § 101a am 01.07.2005 und § 100 Abs. 1 am 31.12.2006 außer Kraft. Alle Neuregelungen im SGB II und SGB XII. In: http://www.sozialgesetzbuch-bundessozialhilfegesetz.de/_buch/bshg.htm, 10.11.2008
Buckley, A., Boeßenecker, K.-H. (2006): Organisationsentwicklung in der Sozialwirtschaft: Projektbericht – eine Zwischenbilanz. Schriftenreihe Forschungsschwerpunkt Wohlfahrtsverbände/Sozialwirtschaft der Fachhochschule Düsseldorf Arbeitsmaterialien Nr. 23, Düsseldorf. In: http://fhdd.opus.hbz-nrw.de/volltexte/2007/326/, 07.01.2009
Bundestag (2002) – Deutscher Bundestag: Drucksache 14/8900, 6. In: http://proehrenamt.projektweb.at/downloads/enquete.pdf, 20.11.2008
Caliendo, M., Steiner, V. (2005): Aktive Arbeitsmarktpolitik in Deutschland: Bestandsaufnahme und Bewertung der mikroökonomischen Evaluationsergebnisse. In: http://www.zew.de/de/publikationen/dfgflex/paperSteiner6.pdf, 08.10.2008
Caritas (2008a) – Deutscher Caritasverband e. V. (Hrsg.): Wichtige Momente in der Geschichte der deutschen Caritas. In: http://www.caritas.de/6135.html, 12.11.2008
– (2008b) – Deutscher Caritasverband e. V. (Hrsg.): Präambel. In: http://www.caritas.de/2503.html, 12.11.2008
– (2008c) – Deutscher Caritasverband e. V. (Hrsg.): Mehr als eine Million Menschen engagieren sich in der Caritas. In: http://www.caritas.de/2246.html, 12.11.2008
– (2007) – Deutscher Caritasverband e. V. (Hrsg.): Einblicke 2007 – Jahresbericht der Zentrale des Deutschen Caritasverbandes. In: http://www.caritas.de/19729.html, 12.11.2008
– (2003) – Das Leitbild des Deutschen Caritasverbandes auf einen Blick. In: http://www.caritas.de/2501.html, 20.3.2003
CCSS (2008) – The Johns Hopkins Center for Civil Society Studies (Hrsg.): The Comparative Nonprofit Sector Project. In: http://www.jhu.edu/~cnp/about/index.html, 15.09.2008
Clapham, R. (2004): Wirtschaftsverfassung für Europa. In: Europa – Europawahlen. In: Aus Politik und Zeitgeschichte 17, 21–28
Dahme, H. J., Kühnlein, G., Wohlfahrt, N. (2005): Zwischen Wettbewerb und Subsidiarität – Wohlfahrtsverbände unterwegs in die Sozialwirtschaft. Hans Böckler Stiftung, Berlin
–, Wohlfahrt, N. (2005): Aktivierende Soziale Arbeit. Theorie – Handlungsfelder – Praxis. Schneider Verlag Hohengehren, Baltmannsweiler
Der Paritätische (2008a) – Der Paritätische Wohlfahrtsverband (Hrsg.): Zeitzeichen – Der Paritätische im Wandel der Zeit! In: http://www.zeitzeichen.paritaet.org, 12.11.2008
– (2008b) – Der Paritätische Wohlfahrtsverband (Hrsg.): Der Paritätische Wohlfahrtsverband. In: http://www.der-paritaetische.de/index.php?id=unser_spitzenverband, 12.11.2008
– (2008c) – Der Paritätische Wohlfahrtsverband (Hrsg.): Grundsätze der Verbandspolitik. In: http://www.der-paritaetische.de/index.php?id=225, 12.11.2008
– (2008d) – Der Paritätische Wohlfahrtsverband (Hrsg.): Wie wir uns sehen. In: http://www.der-paritaetische.de/index.php?id=224, 12.11.2008
– (2003): Schriftliche Stellungnahme zur öffentlichen Anhörung von Sachverständigen im Ausschuss für Wirtschaft und Arbeit. 6.10.2003. In: Deutscher Bundestag. Ausschussdrucksache 15(9)701
Deutscher Bundestag (2001): Bericht der Regierungskommission „Corporate Governance“ Unternehmungsführung – Unternehmenskontrolle – Modernisierung des Aktienrechts. BT-Drucksache 14/7515. In: http://

dip21.bundestag.de/dip21/btd/14/075/1407515.pdf, 10.12.2008

DGK (2005): Diakonischer Corporate Governance Kodex (DGK). In: Positionen und Konzepte aus dem Diakonischen Werk der Evangelischen Kirche in Deutschland e. V. 5, 5–9

Diakonie (2008a) – Diakonisches Werk der evangelischen Kirchen Deutschlands (Hrsg.): Geschichte. In: http://www.diakonie.de/1318_DEU_HTML.htm, 12.11.2008

– (2008b) – Diakonisches Werk der evangelischen Kirchen Deutschlands (Hrsg.): Das Leitbild der Diakonie. In: http://www.diakonie.de/1317_DEU_HTML.htm, 12.11.2008

– (2008c) – Diakonisches Werk der evangelischen Kirchen Deutschlands (Hrsg.): EKD begrüßt Fusion von Diakonischem Werk und Evangelischem Entwicklungsdienst. In: http://www.diakonie.de/189_4270_DEU_HTML.htm, 12.11.2008

– (2007) – Diakonisches Werk der evangelischen Kirchen Deutschlands (Hrsg.): Einrichtungsstatistik – Regional. In: http://www.diakonie.de/Texte-2007-14-Regional-mit-Karten.pdf, 12.11.2008

Diakonie Unternehmen (2007) – Magazin des Verbands diakonischer Dienstgeber in Deutschland (Hrsg.): Die Diakonische Tariflandschaft. 4. Jg., 2, 16

Dingeldey, I. (2006): Aktivierender Wohlfahrtsstaat und sozialpolitische Steuerung. In: Reformen des Sozialstaates. Aus Politik und Zeitgeschichte 2, 3–9

DRK (2008a) – Deutsches Rotes Kreuz (Hrsg.): Rotkreuzgeschichte im Überblick. In: http://www.drk.de/generalsekretariat/geschichte.htm, 12.11.2008

– (2008b) – Deutsches Rotes Kreuz (Hrsg.): Die Grundsätze des Roten Kreuzes und Roten Halbmondes. In: http://www.drk.de/voelkerrecht/grundsaetze.html, 12.11.2008

– (2008c) – Deutsches Rotes Kreuz (Hrsg.): Struktur- und Leistungsdaten 2005. In: http://www.drk.de/generalsekretariat/leistungsdaten.html, 12.11.2008

– (2007) – Deutsches Rotes Kreuz (Hrsg.): Jahrbuch 2006/07. In: http://www.drk.de/generalsekretariat/jahrbuch2007/, 12.11.2008

Ebertz, M. N. (1996): Leitbildnerei in sozialen Dienstleistungsorganisationen. Über den Zwang zur Selbstthematisierung von organisierter Diakonie und Caritas. In: Öhlschläger, R., Brüll, H. M. (Hrsg.): Unternehmen Barmherzigkeit. Baden-Baden, 39–62

– (1993): Caritas im gesellschaftlichen Wandel – Expansion in der Krise? In: Lehner, M., Zauner, W. (2003): Grundkurs Caritas. Landesverlag, Linz, 83–114

EGV – Vertrag zur Gründung der Europäischen Gemeinschaft. In: http://eur-lex.europa.eu/de/treaties/dat/12002E/htm/C_2002325DE.003301.html

Engler, U. (2008): Rechtsformen für Sozialunternehmen. In: SOZIALwirtschaft 1, 28–29

Enste, D. (2004a): Die Wohlfahrtsverbände in Deutschland. Institut der deutschen Wirtschaft, Köln

– (2004b): Freie Wohlfahrtspflege – Vom Wettbewerb verschont. Pressemitteilung vom 28. Juni 2004. In: http://www.presseportal.de/pm/51902/570453/institut_der_deutschen_wirtschaft_koeln_iw_koeln, 10.11.2008

Erhard, L. (1964): Wohlstand für alle. 8. Aufl. Econ Verlag, Düsseldorf

Esping-Andersen, G. (1998): Zur Politischen Ökonomie des Wohlfahrtsstaates. In: Lessenich, S., Ostner, I. (Hrsg.): Welten des Wohlfahrtskapitalismus. Campus Fachbuch, Frankfurt/New York, 19–56

Etzioni, A. (1998): Die Entdeckung des Gemeinwesens. Schäffer-Poeschel Verlag, Frankfurt a. M.

EU (2008a) – Das Portal der Europäischen Union (Hrsg.): Sozialpolitische Agenda. In: http://europa.eu/scadplus/leg/de/cha/c10115.htm, 20.11.2008

– (2008b) – Das Portal der Europäischen Union (Hrsg.): Institutionen der Europäischen Union und andere Organe. In: http://europa.eu/institutions/index_de.htm, 03.12.2008

Eucken, W. (1975): Grundsätze der Wirtschaftspolitik. 5. Aufl. Mohr Siebeck Verlag, Tübingen

EuGH (1998): Urteil vom 28.4.1998, RS C-120/955 (Decker/Caisse de maladie des employes prives). In: Allgemeine Sammlung der Rechtsprechung des Gerichtshofes der Europäischen Gemeinschaft 1998, I-1831. Siehe auch: RS C-158/96 (Kohll/Union des caisses de maladie). In: ebd. 1998, I-1931

Europäisches Parlament (Hrsg.) (2008): Europäisches Parlament. In: http://www.europarl.europa.eu/news/public/default_de.htm, 20.11.2008

– (2006): RICHTLINIE 2006/123/EG – Des europäischen Parlaments und des Rates vom 12. Dezember 2006 über Dienstleistungen im Binnenmarkt. In: http://eur-lex.europa.eu/LexUriServ/LexUriServ.do?uri = OJ:L:2006:376:0036:0068:DE:PDF, 20.11.2008

European Volunteer Center (2006): Manifest für freiwilliges Engagement in Europa. In: http://www.cev.be/Documents/CEVManifesto_EN_FR_DE.pdf, 15.01.2007

Evers, A. (2001): Aktivierender Staat – ein Beitrag zur Vitalisierung der Bürgergesellschaft oder nur ein Weg zur Ertüchtigung von Arbeitskraftunternehmern? In: Theorie und Praxis der Sozialen Arbeit. 52. Jg., 3, 83–89

–, Lange, C. (2005): Freie Wohlfahrtspflege und Europäische Integration. Auf der Suche nach Identität und Anerkennung. In: Linzbach, C., Lübking, U., Scholz, S., Schulte, B.(Hrsg.): Die Zukunft der sozialen Dienste vor der Europäischen Herausforderung. Baden-Baden, 155–182

EWSA (2008a) – Europäischer Wirtschafts- und Sozialausschuss (Hrsg.): Brücke zwischen Europa und der organisierten Zivilgesellschaft. In: http://eesc.europa.eu/index_de. asp, 20.11.2008

– (2008b) – Europäischer Wirtschafts- und Sozialausschuss (Hrsg.): Dienstleistungen von allgemeinem Interesse. Stellungnahme vom 14.2.2008. In: http://eur-lex.europa.eu/LexUriServ/LexUriServ.do?uri=OJ:C:2008:162:0042:0045:DE:PDF, 20.11.2008

– (2006) – Europäischer Wirtschafts- und Sozialausschuss (Hrsg.): Sozialer Zusammenhalt – Ein europäisches Sozialmodell mit Inhalt füllen. Stellungnahme vom 19.1.2006. In: http://eur-lex.europa.eu/Notice.do?val=437403:cs&lang=de&list=437403:cs,&pos=1&page=1&nbl=1&pgs=10&hwords=Sozialer%20Zusammenhalt:%20Ein%20europ%C3%A4isches%20Sozialmodell%20mit%20Inhalt%20f%C3%BCllen~&checktexte=checkbox&visu=#texte, 20.11.2008

– (2002) – Europäischer Wirtschafts- und Sozialausschuss (Hrsg.): Leistungen der Daseinsvorsorge. Stellungnahme ABl. C 241/119 vom 7.10.2002; Zukunft der Dienstleistungen von allgemeinem Interesse. Stellungnahme des EWSA vom 6.7.2006

Financial Times (2008): Evangelische Kirche zahlt Dumping-Löhne. In: http://www.ftd.de/politik/deutschland/:Evangelische%20Kirche%20Dumping%20L%F6hne/349163.html, 20.10.2008

Fuest, C., Kervian, D., Welter, P. (2006): Wirtschaftliche Freiheit in den deutschen Bundesländern. Köln/Frankfurt. In: http://www.fnst-freiheit.org/uploads/896/Wirtschaftliche_FreiheitBundeslaenderEndfassungNeu181106.pdf, 20.11.2008

Fürst, W. (1998): 100 Jahre Deutscher Caritasverband – Erfolgsgeschichte mit Zukunft. In: Caritas '99. 100. Jg., 1, 18–20

Gabriel, K. (1992): Optionen der verbandlichen Caritas im Wandel der sozialstaatlich organisierten Gesellschaft. In: Caritas. Zeitschrift für Caritasarbeit und Caritaswissenschaft, 93. Jg., 6, 251–254

GG – Grundgesetz für die Bundesrepublik Deutschland in der im Bundesgesetzblatt Teil III, Gliederungsnummer 100-1, veröffentlichten bereinigten Fassung, zuletzt geändert durch das Gesetz vom 8. Oktober 2008 (BGBl. I S. 1926 (mit zukünftiger Wirkung)). In: http://www.gesetze-im-internet.de/gg/BJNR000010949.html, 13.11.2008

Giddens, A. (1997): Jenseits von Links und Rechts. Die Zukunft radikaler Demokratie. Suhrkamp Verlag, Frankfurt

GmbHG – Gesetz betreffend die Gesellschaften mit beschränkter Haftung in der im Bundesgesetzblatt Teil III, Gliederungsnummer 4123-1, veröffentlichten bereinigten Fassung, zuletzt geändert durch Artikel 4 des Gesetzes vom 19. April 2007 (BGBl. I S. 542). In: http://www.gesetze-im-internet.de/gmbhg/BJNR004770892.html, 13.11.2008

Gohde, J. (2001a): Schlusswort zur Tagung „Von der Wirtschaftsunion zur Sozialunion“. In:

Gohde, J. (Hrsg.): Das soziale Europa gestalten. Von der Wirtschaftsunion zur Sozialunion. Verlag Kohlhammer, Stuttgart, 89–90
– (2001b): Wohlfahrtsverbände in Europa im Zeichen der Versöhnung. In: Gohde, J. (Hrsg.): Das soziale Europa gestalten. Von der Wirtschaftsunion zur Sozialunion. Verlag Kohlhammer, Stuttgart, 49–64
Goldschmidt, N. (2007): Kann oder soll es Sektoren geben, die dem Markt entzogen werden, und gibt es in dieser Frage einen (unüberbrückbaren) Hiatus zwischen ‚sozialethischer' und ‚ökonomischer' Perspektive?". In: Aufderheide, D., Dabrowski, M. (Hrsg.): Markt und Wettbewerb in der Sozialwirtschaft. Wirtschaftsethische und moralökonomische Perspektiven für den Pflegesektor. Duncker & Humblot, Berlin, 53–81
Goll, E. (1991): Die freie Wohlfahrtspflege als eigener Wirtschaftssektor. In: Schriften zur öffentlichen Verwaltung und öffentlichen Wirtschaft. Band 129. Nomos Verlag, Baden-Baden, 81–82
Hagen T., Steiner V. (2000): Von der Finanzierung der Arbeitslosigkeit zur Förderung von Arbeit – Analysen und Handlungsempfehlungen zur Arbeitsmarktpolitik. ZEW Wirtschaftsanalysen, Baden-Baden
Hanesch, W. (1998): Soziale Sicherung im europäischen Vergleich. In: Aus Politik und Zeitgeschichte 34-35, 15–26
Heinze, R. (1985): Verbandlichung der Sozialpolitik? Zur Neuen Diskussion des Subsidiaritätsprinzip. In: Krüger, J., Pankoke, E. (1985): Kommunale Sozialpolitik. München/Wien, 196–221
Heller, A. (2003): Wie werden kirchliche Krankenhäuser intelligentere Organisationen? In: Heller, A., Krobath, T. (Hrsg.): Organisationsethik. Lambertus Verlag, Freiburg, 249–267
Henningsen, B. (1992): Die schönste Nebensache Europas. Zur Geschichte der EG-Sozialpolitik. In: Sozialer Fortschritt. 41. Jg., 5, 203–214
Herrmann, P. (2005): Sozialmanagement in Europa – Herausforderungen verstehen, Strukturen kennen, Vorteile nutzen. Nomos Verlag, Baden-Baden
Hottelet, H. (1994): Vom Glanz und Elend eines Wohlfahrtsverbandes – Zum Erscheinungsbild der Arbeiterwohlfahrt. In: Theorie und Praxis der sozialen Arbeit. 45. Jg., 4, 13. In: http://eur-lex.europa.eu/LexUriServ/site/de/com/2003/com2003_0270de01.pdf, 20.11.2008
Kloos, B. (2001): Große Träger machen mobil. In: Neue Caritas. 102. Jg., 1, 8–11
Klug, W. (2007): Theorien der Sozialwirtschaft und des Managements sozialer Dienste in Europa. Lehrbrief zur Kurseinheit: Grundlagen der Gesundheits- und Sozialwirtschaft II. 2. Aufl. Remagen
– (2005): Die neue US-Sozialpolitik – Vorbild für die Führung von konfessionellen Wohlfahrtsverbänden? In: Meier, U., Sill, B. (Hrsg.): Zwischen Gewissen und Gewissen, Werteorientierte Personalführung und Organisationsentwicklung, Regensburg, 109–126
– (1997a): Wohlfahrtsverbände zwischen Markt, Staat und Selbsthilfe. Lambertus-Verlag, Freiburg im Breisgau
– (1997b): Die Zukunft der Freien Wohlfahrt: Marktwirtschaft und Bewahrung der Identität. In: Theorie und Praxis der sozialen Arbeit. 48. Jg., 10
–, Moos, G. (2008): Grundlagen der Gesundheits- und Sozialwirtschaft. Rahmenbedingungen und Träger der Produktion sozialer Dienstleistungen. Lehrbrief im Rahmen des MBA-Fernstudiums. FH Koblenz, RheinAhrCampus. 2. Aufl. Remagen
Knäpper, S. (2005): Die Dienstleistungsrichtlinie: Öffnung des Binnenmarkts auch für Gesundheitsdienste? In: http://www.eufis.de/fileadmin/Dokumente/OffenerBereich/Fachbeitraege/kndlrl.pdf, 20.11.2008, sowie in: Krankenhaus Umschau 1/2005, 8
KOM (2003) – Kommission der Europäischen Gemeinschaft: Grünbuch zu Dienstleistungen von allgemeinem Interesse. KOM 270 endgültig, Brüssel
– (2000) – Kommission der europäischen Gemeinschaften: Mitteilung der Kommission – Leistungen der Daseinsvorsorge in Europa. KOM 580 endgültig, Brüssel. In: http://eur-lex.europa.eu/LexUriServ/LexUriServ.do?uri=COM:2000:0580:FIN:DE:PDF, 10.11.2008

Kowalski, M. (2006): Die andere Ökonomie. Sinn statt Gewinn. Focus Magazin 17. Vom 24.4.2006. Focus Verlag, 146–152 oder In: http://www.focus.de/finanzen/news/die-andere-oekonomie-sinn-statt-gewinn_aid_214939.html, 20.11.2008

Krämer, G. (2004): Rede zum Thema Arbeitsmarktreform in Hessen – „Fördern und Fordern“ – Verantwortung vor Ort in der Hand der Kommunen im Rahmen der Fachtagung „Hessen und die Reform des Arbeitsmarktes“ am 8./9.12.2004 in Heppenheim. In: Hessisches Sozialministerium (Hrsg.): Hessen und die Reform des Arbeitsmarktes. Wiesbaden, 11–17

Lange, C. (2001): Freie Wohlfahrtspflege und europäische Integration – zwischen Marktangleichung und sozialer Verantwortung. Eigenverlag des Deutschen Vereins, Frankfurt

– (o. J.): Die Geschichte der Freien Wohlfahrtspflege mit Europa. Fachbeitragsreihe der Bank für Sozialwirtschaft. Berlin. In: http://www.sozialbank.de/finale/inhalt/servicel/fachbeitraege4690.shtml, 15.08.2008

Liebig, R. (2005): Wohlfahrtsverbände im Ökonomisierungsdilemma. Analysen zu Strukturveränderungen am Beispiel des Produktionsfaktors Arbeit im Licht der Korporatismus- und der Dritte Sektor-Theorie. Lambertus Verlag, Freiburg im Breisgau

Lohmann, D. (1997): Das Bielefelder Management Modell. Gütersloher Verlagshaus, Gütersloh

Ludemann, G., Negwer, W. (2000): Rechtsformen kirchlich-caritativer Einrichtungen. Lambertus Verlag, Freiburg im Breisgau

Mager, E. M. (2003): Die Menschenwürde als Maßstab für die Gestaltung des Gesundheitssystems – Anmerkungen eines kirchlichen Trägers. In: http://www.zdk.de/reden/reden.php?id=84&page=6, 20.11.2008

Merchel, J. (2005): Organisationsgestaltung in der Sozialen Arbeit. Juventa Verlag, Weinheim/München

Meyer, D. (1999): Wettbewerbliche Neuorientierung der Freien Wohlfahrtspflege. Volkswirtschaftliche Schriften 486. Dunker & Humbold

Monopolkommission der Bundesregierung (1997): Marktöffnung umfassend verwirklichen. Zwölftes Hauptgutachten der Monopolkommission gemäß § 24 b Abs. 5 Satz 1 GWB, Nomos Verlag, Baden-Baden

Müller-Armack, A. (2007): Mein Vater wäre unzufrieden – Andreas Müller-Armack über das Verhältnis seines Vaters zu Ludwig Erhard und Fehlentwicklungen der sozialen Marktwirtschaft. Interview in Welt-online. Vom 3.2.2007. In: http://www.welt.de/print-welt/article716438/Mein_Vater_waere_unzufrieden.html, 20.11.2008

Neumann, M., Schaper, K. (1998): Die Sozialordnung der Bundesrepublik Deutschland. 4. Aufl. Campus Fachbuch, Frankfurt/New York

Neumeier, M. (1990): Arbeiterwohlfahrt und Selbsthilfe. In: Fröhlich E., Danco T. (Hrsg.): Quo vadis freie Wohlfahrtspflege? Sozialarbeit, Sozialplanung, Sozialpolitik – oder? Bank für Sozialwirtschaft. Köln/München, 37–42

Olk, T. (1999): Die Freie Wohlfahrtspflege auf dem Prüfstand (V): Gegenwart gestalten, um Zukunft zu gewinnen – verbandspolitische Strategien für die Freie Wohlfahrtspflege. In: Theorie und Praxis der Sozialen Arbeit 4, 123–130

Opielka, M. (2006): Gerechtigkeit durch Sozialpolitik? In: Reformen des Sozialstaates. Aus Politik und Zeitgeschichte 2, 32–38

Ottnad, A., Wahl, S., Miegel, M. (2000): Zwischen Markt und Mildtätigkeit: Die Bedeutung der Freien Wohlfahrtspflege für Gesellschaft, Wirtschaft und Beschäftigung. Olzog Verlag, München

o. V. (2008): Rosinen aus dem diakonischen Kuchen. In: Epd sozial – Evangelischer Pressedienst 26. Vom 27.6.2008, 17

Pabst, S., Ostner, I., Voges, W. (1996): Sozialanwälte: Wohlfahrtsverbände zwischen Interessen und Ideen. Augsburg

Panitch, A. (1974): Advocacy in Practice. In: Social Work 19 (3), 326–332

Petersen, K., Piel, K. (1998): The Potential for Democratization in the New Quality Consciousness. In: Flösser, G., Otto, H. U. (Hrsg.): Towards More Democracy in Social Services. Berlin/New York

Plücken, T. (2008): Zwischen Anspruch und Wirklichkeit. Wie entsteht eine diakonische Kultur? In: EPD Sozial – Evangelischer Pressedienst 32. Vom 08.08.2008, 17

Prognos AG (1991): Freie Wohlfahrtspflege im zukünftigen Europa. Bank für Sozialwirtschaft (Hrsg.). Basel/Köln

Puch, H. J. (2003): Der Sozialmarkt – eine Wirtschaftsmacht im Schatten? Die wirtschaftliche und gesellschaftliche Bedeutung des Sozialmarkts in Deutschland. Vortrag am 23.10.2003. Ev. Fachhochschule Nürnberg. In: http://www.evfh-nuernberg.de/index.php?binobj=file&cmd=passthru&oid=224, 02.09. 2008

Puschmann, H. (1998): An der Schwelle des zweiten Jahrhunderts verbandlicher Caritas in Deutschland. In: Deutscher Caritasverband (Hrsg.): Caritas '98 – Jahrbuch des Deutschen Caritasverbandes. Freiburg, 30–34

– (1996): Zum Leitbildprozeß des Deutschen Caritasverbandes. In: Deutscher Caritasverband (Hrsg.): Caritas '97 – Jahrbuch des Deutschen Caritasverbandes. Freiburg, 105–111

Rebstock, W. (1988): Unternehmensethik. Werte und Normen für die Unternehmung. Wilfer Verlag, Spardorf

Richan, W. (1973): Art. Dilemmas of the social work advocate. In: Child Welfare 52 (4), 220–226

Rosenbrock, R., Gerlinger, T. (2004): Gesundheitspolitik. Verlag Hans Huber, Bern

Rothkirch, C. (2005): Finanzierungsprobleme und Finanzierungsmöglichkeiten in der Freien Wohlfahrtspflege – Untersuchungsbericht für die Bank für Sozialwirtschaft. Köln

Sachße, Ch. (2003): Subsidiarität-Leitidee des Sozialen. In: Hammerschmidt, P., Uhlendorf, U. (Hrsg.): Wohlfahrtsverbände zwischen Subsidiaritätsprinzip und EU-Wettbewerbsrecht. Springer Verlag, Kassel, 15–37

Schick, S. (2003): Rechts- und Unternehmensformen. Nomos Verlag, Baden-Baden

Schui, H. (2005): Kapitalismus statt Sozialer Marktwirtschaft. In: Blätter für deutsche und internationale Politik, 6/2005, 651–654

– (1997): Neoliberalismus: Politische und theoretische Grundlagen. In: http://www.uni-koblenz.de/~vladimir/breviary/neoliberal.html, (15.11.2008)

Schulte, B. (2002): Freie Wohlfahrtspflege, Daseinsvorsorge und gemeinsamer Markt. In: Herrmann, P. (Hrsg.): European Services of General Interest. Baden-Baden, 41–64

– (1998): Wohlfahrtsregime im Prozeß der europäischen Integration. In: Lessenich, S., Ostner, I. (Hrsg.): Welten des Wohlfahrtskapitalismus. Campus Fachbuch, Frankfurt/New York, 257–270

– (1997): Europäische Sozialpolitik – Auf dem Weg zur Sozialunion? In: Zeitschrift für Sozialreform. 43. Jg., 3, 165–186

Seibel, F. W., Jung, R. H., Schäfer, H. M. (1997): Economie Sociale – Eine einführende Begriffserörterung. In: Jung, R. Schäfer, H. M., Seibel, F. W. (Hrsg.): Economie Sociale. Iko-Verlag für Interkulturelle Kommunikation, Frankfurt am Main, 10–31

SGB – Sozialgesetzbuch. In: http://www.sozialgesetzbuch-bundessozialhilfegesetz.de, 10.01. 2009

Sigmund, A. M. (2006): Stellungnahme des Europäischen Wirtschafts- und Sozialausschusses zu dem „Vorschlag für eine Verordnung des Europäischen Parlaments und des Rates über die strukturelle Unternehmensstatistik". Amtsblatt der EU (Hrsg.): http://eur-lex.europa.eu/LexUriServ/LexUriServ.do?uri=OJ:C:2006:195:0014:0018:DE:PDF, 30.08. 2008

Sommer, M. (2008): Erhards soziale Marktwirtschaft ist am Ende. Beitrag in Die Welt vom 6.8.2008. In: http://www.welt.de/welt_print/article2277690/Erhards-soziale-Marktwirtschaft-ist-am-Ende.html, 20.11.2008

Spiegelhalter, F. (1996): Das Leistungs-Plus von Caritas und freier Wohlfahrtspflege. In: Caritas 97, 2, 23–27

– (1990): Der dritte Sozialpartner. Die Freie Wohlfahrtspflege – ihr finanzieller und ideeller Beitrag zum Sozialstaat. Lambertus-Verlag, Freiburg im Breisgau

Statistisches Bundesamt (Hrsg.) (2004): Volkswirtschaftliche Gesamtrechnung – Wichtige Zusammenhänge im Überblick. Wiesbaden.

In: http://www.tu-chemnitz.de/wirtschaft/vwl2/downloads/makro1/0405ws/vgr_notation.pdf, 30.08.2008

Stolleis, M. (2003): Geschichte des Sozialrechts in Deutschland. Lucius und Lucius, Stuttgart

Stolterfoht, B. (2005): Statement zur Eröffnung der ConSozial 2005 von Barbara Stolterfoht, Staatsministerin a. D., Präsidentin der Bundesarbeitsgemeinschaft der Freien Wohlfahrtspflege e. V. In: http://www.bagfw.de/common/popups/download.php?id=1947, 12.2006

Stubenrauch, P. (1999): Die europäische Bürgergesellschaft als politisches Sozialprojekt. In: http://www.etwelfare.org/uk/polact3_de.html#_Toc448300262, 15.03.2004

Tagesspiegel (2008): Deutschland droht ein Kliniksterben. In: http://www.tagesspiegel.de/politik/deutschland/Gesundheit-Krankenhaeuser;art122,2497532, 03.09.2008

Thiersch, H. (1990): Ansprüche der Klienten an die Träger der sozialen Arbeit – Folgen für das Subsidiaritätsprinzip. In: Kreft, D., Münder, J.: Subsidiarität heute. Münster, 18–48

von Hayek, F. A. (1991): Die Verfassung der Freiheit. 3. Aufl. Mohr Siebeck Verlag, Tübingen

– (1981): Recht, Gesetzgebung und Freiheit II. Die Illusion der sozialen Gerechtigkeit. Moderne Industrie, Landsberg

VdDD (2008) – Verband diakonischer Dienstgeber in Deutschland (Hrsg.): Tarifpolitische Modernisierung. In: http://www.v3d.de/Tarifpolitische-Modern.19.0.html, 20.11.2008

Wendt, R. W. (2008): Sozialwirtschaft. In: Maelicke, B. (Hrsg.): Lexikon der Sozialwirtschaft. Nomos Verlag, Baden-Baden, 953–956

Werthmann, L., Borgmann, K. (1958): Reden und Schriften. Lambertus Verlag, Freiburg

Weuthen, J. (1990): Systemdynamik der freien Wohlfahrtsverbände in Deutschland. Von der altruistischen primären Gruppe zum professionellen sekundären System. Botermann u. Botermann Verlag, Köln

Windolph, J. (2007): Das kirchliche Türschild allein reicht nicht aus. In: Neue Caritas. 108. Jg., 3, 18–21

Wittlich, S. (2004): Samariter lernen Rechnen. Vom 20.12.2004. Focus Magazin 52 (2004). Focus Verlag. In: http://www.focus.de/panorama/boulevard/gesellschaft-samariter-lernen-rechnen_aid_202752.html, 10.01.2009

Zerfaß, R. (1992): Das Proprium der Caritas als Herausforderung an die Träger. In: Deutscher Caritasverband (Hrsg.): Caritas '93 – Jahrbuch des Deutschen Caritasverbandes. Freiburg, 27–40

Zimmer, A., Nährlich, S. (2003): Zur volkswirtschaftlichen Bedeutung der Sozialwirtschaft. In: Arnold, U., Maelicke, B: Lehrbuch der Sozialwirtschaft. Nomos Verlag, Baden-Baden, 64–80

–, Priller, E. (1999): Der Dritte Sektor in Deutschland. In: Aus Politik und Zeitgeschichte 9, 12–21

ZWST (2008) – Zentralwohlfahrtsstelle der Juden in Deutschland (Hrsg.): Geschichte. In: http://www.zwst.org/wirueberuns/, 12.11.2008

Sachregister